RÉPUBLIQUE FRANÇAISE

MINISTÈRE DE L'INTÉRIEUR ET DES CULTES

SERVICE SANITAIRE MARITIME

RAPPORT

SUR

DIFFÉRENTS PROCÉDÉS DE DESTRUCTION DES RATS

ET DE

DÉSINFECTION A BORD DES NAVIRES

PRÉSENTÉ PAR

M. le Prof[r] **PROUST,**

INSPECTEUR GÉNÉRAL DES SERVICES SANITAIRES,
MEMBRE DE L'ACADÉMIE DE MÉDECINE,

ET

M. le Dr **PAUL FAIVRE,**

INSPECTEUR DES SERVICES DE LA SANTÉ DANS LES PORTS.

MELUN
IMPRIMERIE ADMINISTRATIVE

M D CCCC II

RAPPORT SUR DIFFÉRENTS PROCÉDÉS DE DESTRUCTION DES RATS ET DE DÉSINFECTION A BORD DES NAVIRES

PRÉSENTÉ PAR

M. le Prof[r] PROUST et M. le Dr Paul FAIVRE.

I. — INSTRUCTIONS RELATIVES A LA DESTRUCTION DES RATS; MOYENS EMPLOYÉS OU PROPOSÉS

Depuis que l'attention a été appelée sur l'importance du rôle des rats comme agents vecteurs de la peste, l'administration sanitaire s'est préoccupée d'assurer la destruction de ces animaux.

Instructions du 4 août 1899. — Le 4 août 1899, elle adressait aux directeurs de la santé, pour être répandues à un grand nombre d'exemplaires, des « instructions relatives à la suppression des rats et souris dans les lazarets et sur les navires ». En ce qui concerne ces derniers, la sulfuration était recommandée après le déchargement.

Instructions du 1er octobre 1900. — De nouvelles instructions, en date du 1er octobre 1900, instituèrent la surveillance du déchargement de tous les navires provenant de pays contaminés de peste, surveillance ayant pour principal objet la découverte à bord de rats malades ou morts et, dans le cas où ces animaux seraient atteints de peste, la mise à exécution des mesures propres à empêcher la propagation de la maladie.

Instructions du 26 septembre et du 11 octobre 1901. — Le 26 septembre 1901 la sulfuration des cales après déchargement fut rendue obligatoire. « Une visite faite avant tout nouveau chargement doit, dit l'instruction, montrer que l'opération a été convenablement pratiquée et a donné, au point de vue de la destruction des rats, des résultats satisfaisants ».

A titre de contrôle, l'administration invitait le 11 octobre suivant les directeurs de la santé à lui adresser une copie des procès-verbaux de surveillance établis en conformité des instructions des 1er octobre 1900 et 26 septembre 1901.

Instructions du 12 avril 1902. — Les renseignements recueillis et surtout les essais poursuivis par les directeurs de la santé ont amené l'administration sanitaire à prescrire, à la date du 12 avril dernier, la sulfuration avant déchargement, « sous réserve des contre-indications plus ou moins justifiées dont l'autorité sanitaire locale restait juge ». Comme dans les instructions précédentes, le procédé désigné était la combustion du soufre à l'air libre, pratiquée bien entendu avec toutes les précautions nécessaires.

Emploi du gaz sulfureux produit au moyen de l'appareil Clayton. — Plus récemment, l'administration sanitaire a pu expérimenter un autre procédé de production de gaz sulfureux usité depuis quelques années à la Nouvelle-Orléans et dont les résultats ont été jugés supérieurs au précédent. Il s'agit de l'appareil Clayton.

Emploi de l'acide carbonique. — Entre temps, des expériences avaient été faites à Marseille pour la destruction des rats au moyen de l'acide carbonique.

Nous allons indiquer successivement les résultats obtenus, au point de vue de la destruction des rats *à bord des navires chargés*, par la combustion du soufre à l'air libre et par l'appareil Clayton. Nous compléterons ces renseignements en exposant les recherches faites pour déterminer le pouvoir désinfectant de ce dernier gaz. Nous ferons ensuite mention des constatations auxquelles a donné lieu l'emploi de l'acide carbonique.

II. — GAZ PRODUIT PAR LA COMBUSTION DU SOUFRE A L'AIR LIBRE

Ce gaz, habituellement dénommé acide sulfureux, est en réalité de l'*anhydride sulfureux* formé par la combinaison de un volume de vapeur de soufre avec deux volumes d'oxygène et dont la formule est SO^2. C'est un gaz incolore, d'une odeur piquante caractéristique et dont la densité est 2,23.

Pour déterminer la production de ce gaz à bord des navires, on place du soufre en canon ou de la fleur de soufre dans des récipients spéciaux ou plus simplement sur d'épaisses plaques de fer reposant elles-mêmes sur un lit de sable de 15 à 20 centimètres. Une bordure de sable entourant le soufre déposé sur la plaque l'empêche, lorsqu'il est en fusion, de se répandre en dehors. La quantité employée est de 40 grammes par mètre cube; elle a été portée à des doses très supérieures (75 et même 100 grammes).

Conformément aux prescriptions rappelées ci-dessus, la sulfuration a été d'abord pratiquée sur les navires déchargés ; les résultats, au point de vue de la destruction des rats, ont été très appréciables. Il n'est pas douteux cependant qu'un grand nombre de ces animaux quittent le bâtiment au moment du débarquement des marchandises ; aussi la question se posait-elle de savoir si l'on pourrait soumettre le navire chargé à l'action des vapeurs sulfureuses. La crainte d'endommager la cargaison rendait la question très délicate.

En 1883, M. le Dr Griffon du Bellay, directeur de la santé à Saint-Nazaire, avait traité dans ces conditions et par ce procédé plusieurs navires arrivés en patente brute de choléra. Les marchandises consistant principalement en balles de coton et en graines oléagineuses n'avaient pas souffert ; la dose de soufre était de 20 grammes par mètre cube.

En 1899, lors de l'épidémie de peste à Oporto, et en 1900, lors de l'épidémie de fièvre jaune au Sénégal, M. le Dr Sené, directeur de la santé à Pauillac, avait également soumis à la sulfuration 25 navires chargés, en employant le soufre aux doses élevées de 75 et 100 grammes. Les marchandises qui s'étaient trouvées au contact du gaz sulfureux étaient des arachides, des graines diverses, des céréales, de la gomme, des peaux, des légumes frais ou secs, de la farine, du café, des conserves en boîtes ou en barils, du vin en fûts et en bouteilles, du liège, des scories, des pipes de suif, des balles de laine en suint, du caoutchouc, etc. Aucune d'elles n'avait été altérée.

L'administration sanitaire était donc fondée à généraliser le procédé employé à Saint-Nazaire et à Pauillac ; elle le fit par les instructions précitées du 12 avril dernier.

Examinons les conditions dans lesquelles est le plus souvent effectuée l'opération et les résultats qu'elle donne :

Pour installer les réchauds ou les plaques de fer destinés à contenir ou à supporter le soufre en ignition, il est nécessaire de créer au milieu des marchandises des espaces vides, ce qui ne peut être fait, lorsque le navire est très rempli, qu'en enlevant un nombre, parfois considérable, de sacs ou de ballots. Sur un vapeur, le « Coulsdon », sulfuré au Havre le 28 juin dernier, plus de 2.000 sacs ont dû être ainsi retirés et 22 hommes ont été employés à ce travail.

Cette manipulation n'est pas toujours aisée, écrivait dans son rapport le Directeur de la santé; les ouvriers de la ville n'aiment pas à travailler sous pavillon de quarantaine; aussi ont-ils demandé une augmentation de salaire. Les matelots du bord ont prêté leur aide, mais il n'est pas toujours possible d'avoir recours à eux.

Ajoutons que l'exode des rats peut être facilitée par ce déchargement partiel, alors même que les sacs ne sont pas débarqués mais seulement placés sur le pont.

Si les marchandises sont en vrac, l'opération est plus compliquée encore, à moins que l'on se contente d'installer les foyers à l'ouverture même des panneaux; mais dans ce cas, en admettant que les cales soient seules remplies, le gaz sulfureux qui n'obéit à aucune pression, y pénètre peu malgré sa densité, et son action ne se fait sentir qu'à la partie supérieure du chargement.

A ces inconvénients, s'ajoute le risque d'incendie. On objectera que l'anhydride sulfureux étant employé comme extincteur, ce danger n'est pas à craindre. Mais, ne saurait-on concevoir que le foyer constitué par le soufre en combustion mît lui-même le feu à des substances très inflammables telles que du jute, avant que le gaz sulfureux ait été produit en quantité suffisante pour empêcher l'incendie? Cet accident serait favorisé par les mouvements du navire; car, bien que l'opération ne se fasse qu'après l'amarrage, il se peut que, pour une cause quelconque (remous, choc d'un autre bâtiment), le navire soit soumis à des oscillations susceptibles de produire le renversement du soufre en fusion. Il ne paraît donc pas impossible que, malgré les précautions prises, l'administration sanitaire se trouve à un moment donné en présence de sérieuses difficultés, sans parler des coïncidences fâcheuses qui peuvent se rencontrer et être exploitées contre elle.

Nous citerons, à titre d'exemple, l'incident du « Battersea-Bridge » qui s'est produit au commencement du mois de mai dernier à La Pallice. Ce navire arrivait de l'Inde, en patente brute de peste, avec une cargaison de jute. Aux termes des instructions du 12 avril 1902 et, sauf les contre-indications prévues dans lesdites instructions, il devait subir la sulfuration avant déchargement. Le courtier maritime ayant protesté au nom des armateurs contre l'exécution de cette mesure en invoquant le danger d'incendie, l'administration sanitaire ne crut pas devoir en exiger l'exécution. Après la visite médicale du navire, les ballots furent déchargés et rangés sur le quai en face des bâtiments de la gare, où ils couvraient un espace considérable. Une partie de cette marchandise avait déjà été expédiée par le chemin de fer, lorsque se déclara un incendie dont les causes n'ont pu être déterminées, et, en quelques heures, 5.000 balles furent détruites par le feu. On ne peut s'empêcher de penser que si l'administration sanitaire, passant outre aux protestations du courtier, avait exigé la sulfuration du navire, on n'eût pas manqué de la rendre responsable de cet accident.

Le temps que nécessite la sulfuration par combustion du soufre à l'air libre n'est pas sans occasionner un retard assez sensible dans les transactions commerciales, surtout quand l'aménagement des foyers nécessite, comme nous l'avons dit, l'enlèvement préalable d'une certaine quantité de marchandises. La longueur de l'opération peut être, à d'autres points de vue, une cause de gêne pour le commerce. Nous reproduisons à l'appui de cette considération le passage suivant du rapport déjà cité de M. le Directeur de la santé au Havre relatif à la sulfuration du vapeur « Coulsdon ».

Il a fallu faire coucher l'équipage sur le gaillard d'avant, sous une tente, première difficulté, car tous les navires n'en possèdent pas. Par malheur, pendant la nuit du 28 au 29 juin, il a plu abondamment. Les hommes d'équipage, mal couverts et exposés à être mouillés, se plaignirent au capitaine qui m'en fit l'observation. Dans des cas semblables, pendant qu'on pratique la sulfuration des cales avant, le gaillard et les postes d'équipage sont inhabitables. Il aurait certainement fallu disposer un local à terre pour y coucher les hommes, mais alors, qui aurait pu garder le navire si, au lieu de la pluie, il y eût eu du vrai mauvais temps? En hiver, avec les journées si courtes et si péniblement froides et humides, il eût été impossible de laisser tout l'équipage dans d'aussi fâcheuses conditions, et la réclamation du capitaine me parut très fondée.

Enfin, la sulfuration avant déchargement obtenue au moyen de la combustion du soufre à l'air libre, tout en présentant des

SULFURATION DU CARGO-BOAT « MATAPAN » ARRIVÉ A BORDEAUX LE 17 JUILLET 1902.

ARRIÈRE	PANNEAU	PANNEAU		PANNEAU	PANNEAU		AVANT
TEUGUE (1)	SPARDECK I Café, Cacao.	SPARDECK II Vide.	BATTERIE	SPARDECK III (3) Vide.	SPARDECK IV Vide.	BOUCHERIE PANNEAU	GUINDEAU (7)
SOUTES diverses. Foyer.	FAUX-PONT I Repasses.	FAUX-PONT II Maïs.	MACHINE	FAUX-PONT III Vide.	FAUX-PONT IV (1) Sardines. **Foyer.**	CAMBUSE (6) **Foyer.**	MAGASIN
Coqueron.	CALE I (9) Repasses et armes. **Foyer.**	CALE II (2) Repasses. **Foyer.** (2) *bis*	MACHINE	CALE II (4) Balles de peaux. **Foyer.**	CALE IV (10) Repasses. Cuirs verts.	CAMBUSE	COQUERON (8) **Foyer.**

RATS DÉTRUITS PAR LA SULFURATION ET DÉCOUVERTS :

Avant déchargement du navire :

(1) Teugue, 7 rats.
(2) Cale II, 3 —
(3) Spardeck III, 3 rats.
(4) Cale II, 4 rats.
(5) Faux-pont IV, 2 rats.
(6) Cambuse, 12 rats.
(7) Guindeau, 10 rats.
(8) Coqueron, avant, 1 rat.

Après déchargement :

(2 *bis*) Au fond de la cale II, sous des sacs vides, 2 rats.

TOTAL : **44 rats** asphyxiés.

RATS PRIS VIVANTS APRÈS LA SULFURATION ET EN COURS DE DÉCHARGEMENT.

(9) Cale I. Une nichée de 5 petits rats découverts sous des sacs de repasse.

(10) Cale IV. Six nichées formant ensemble 34 petits rats, sous des sacs de repasse, plus un gros rat sortant du même endroit et tué par un ouvrier du bord.

TOTAL : ***40 rats.***

résultats supérieurs à ceux que donne la même opération pratiquée sur les navires vides, n'assure pas la destruction des rats d'une façon complète.

Le rapport suivant de M. le Dr Sené, directeur de la santé à Pauillac, est à cet égard des plus probants :

Le Cargot-boat « Malapan », soumis à la sulfuration à Bordeaux, était chargé surtout de sacs de repasse et de maïs et de diverses marchandises, entre autres de tabac, cacao, café, cochenille et sardines en barils.

A la demande de la compagnie, j'ai autorisé l'enlèvement des sacs de cochenille et des ballots de tabac qui auraient pu être détériorés. Pour cette dernière marchandise en particulier, un échantillon laissé à bord a été sensiblement blanchi et était imprégné d'une odeur spéciale qui contrastait avec celle d'un autre échantillon pris comme témoin.

Un industriel ayant protesté contre l'altération que pourraient subir ses barils de sardines, je les ai fait débarquer, en en faisant laisser deux à bord, un en dehors des foyers sulfureux, l'autre soumis aux vapeurs ; après l'opération il fut reconnu, en présence de l'intéressé, que les deux barils étaient identiques, et que celui qui avait été sulfuré n'avait pas été détérioré.

Le cacao et le café n'ont subi aucune altération, pas plus que les autres marchandises.

La quantité de soufre brûlé dans ce navire a dépassé 400 kilos. Comme on le voit sur le schéma ci-contre, les foyers ont été répartis un peu partout, autant que possible à fond de cale quand le chargement l'a permis.

Les locaux ont été ouverts un peu moins de vingt-quatre heures après l'allumage des foyers.

On avait détruit en cours de traversée 200 rats ; la sulfuration en a asphyxié 44, et on en a trouvé en outre, pendant le déchargement, 40 vivants ; mais, sur ces derniers, un seul adulte, les autres étant des petits à peine recouverts de poils, tous réunis par nichées.

Il est à remarquer que les rats vivants ont été trouvés sous des sacs de repasse qui ont opposé une barrière à la diffusion des vapeurs d'acide sulfureux, cette marchandise, relativement peu tassée, paraissant susceptible, pendant un certain temps, de fournir des gaz respirables à des animaux tels que des rats.

Le seul rat adulte qu'on ait trouvé devait déjà être sous le coup de l'asphyxie, un arrimeur ayant pu le tuer quand il cherchait à se sauver.

Si les rats n'ont pas été tous asphyxiés, on doit admettre que, dans le cas particulier, les insectes placés dans les mêmes conditions n'ont pas dû l'être davantage.

La sulfuration de ce navire n'a donc pas permis d'obtenir tout ce qu'on était en droit d'attendre, et il me semble en résulter pour l'avenir l'enseignement qu'on devra, lorsqu'on procédera à la sulfuration en plein chargement des navires contenant certaines marchandises, laisser les cales fermées plus de vingt-quatre heures ; trente-six ou quarante-huit heures par exemple, et je pense que, dans le cas de navires infectés, il serait même prudent de porter la durée à soixante-douze heures.

Ce qui donne à cette observation une importance tout particulière c'est que le fait s'est passé dans un port où la sulfuration avant déchargement est depuis longtemps pratiquée, grâce à l'initiative éclairée de M. le Dr Sené dont les instructions sont exécutées par un agent très compétent.

III. — Gaz sulfureux produit par l'appareil Clayton

L'attention de l'administration sanitaire a été appelée à la fin de l'année 1901 sur cet appareil qui était, disait-on, utilisé avec succès à la Nouvelle-Orléans et dans quelques ports anglais. L'administration se préoccupa de suite d'avoir des renseignements sur les résultats qu'il donnait. Mais, ce n'est qu'après que M. Clayton eût mis, à titre d'essai, le dit appareil à sa disposition dans le port de Dunkerque, qu'il lui fût possible de se rendre exactement compte des conditions et des avantages de son emploi.

Nous exposerons :

1° la structure et le fonctionnement de l'appareil Clayton ;

2° la nature du gaz qu'il produit ;

3° son utilisation à bord des navires ;

4° l'action du gaz Clayton sur les marchandises ;

5° l'action de ce gaz sur les microbes.

1° Description de l'appareil Clayton.

Cet appareil se compose essentiellement :

a) d'un four demi-cylindrique dont les dimensions varient suivant le modèle de l'appareil et dans lequel se produit la combustion du soufre. Au-dessous de ce générateur de gaz sulfureux, dans lequel la température atteint une élévation considérable (6 à 700° cent.), se trouve un refroidisseur à circulation d'eau, enfermé dans une caisse métallique qui isole le four et le supporte.

b) d'un ventilateur actionné par un moteur à vapeur (1). Lorsque l'appareil est placé sur un navire, la vapeur est fournie par

(1) On pourrait employer de même un moteur à pétrole.

la machine même du bâtiment. Dans les appareils du type A (plus petit) le ventilateur est placé latéralement au four demi-cylindrique; dans les appareils du type B (le plus grand) le ventilateur est placé en avant.

Le gaz sulfureux sortant du four à une haute température subit l'action du refroidisseur et passe ensuite dans le ventilateur, d'où il est envoyé par un conduit flexible en caoutchouc armé (1) dans le local où on désire l'introduire. Il y arrive sous une forte pression, qu'il est d'ailleurs facile d'augmenter ou de diminuer suivant la vitesse donnée au ventilateur. Un autre conduit, de dimensions égales, ramène dans le four l'air du local qui est ainsi utilisé pour la combustion du soufre. Ce dispositif permet donc d'élever plus rapidement la proportion du gaz sulfureux dans ledit local, puisque, en même temps qu'on l'y introduit, on retire en partie l'air auquel il vient se substituer. Cependant, à partir du moment où l'air qui sort du conduit d'aspiration est chargé de gaz sulfureux en quantité appréciable, il faut supprimer ce conduit qui n'amènerait plus dans le générateur qu'un mélange impropre à la combustion du soufre. L'oxygène nécessaire à cet effet est alors emprunté à l'atmosphère extérieure.

2° *Nature du gaz produit par l'appareil Clayton.*

Ce gaz diffère de l'anhydride sulfureux résultant de la combustion du soufre à l'air libre et dont la formule est SO^2. D'après M. Rosenstielh, le distingué chimiste cité par MM. les Drs Langlois et Loir dans un article sur la destruction des rats à bord des navires (2), la production de SO^2 a lieu quand les produits de la combustion peuvent s'éloigner rapidement du foyer de la réaction.

---

(1) Les segments de conduits du type B ont environ 15 centimètres de diamètre et 3 ou 6 mètres de longueur. Ils sont munis à leurs extrémités d'une garniture métallique qui permet de les ajouter les uns aux autres au moyen de quatre boulons vissés. On interpose entre les deux garnitures une rondelle en tissu d'amiante.

Cette opération assez longue serait, nous semble-t-il, sensiblement abrégée si, à ces boulons, on substituait des vis de serrage mobiles autour d'une charnière, analogues à celles qui ferment les étuves à désinfection. Deux vis de ce modèle seraient sans doute suffisantes pour assurer une fermeture hermétique et la manipulation des conduits serait grandement simplifiée.

(2) La destruction des rats à bord des bateaux comme mesure prophylactique contre la peste, par MM. les Drs Langlois et Loir. (*Revue d'hygiène et de police sanitaire*, 1902, n° 5, page 414).

Il n'en est plus de même quand ces produits se forment dans une enceinte où la température provoquée par la combustion peut s'élever, comme cela a lieu dans les fours à pyrite et aussi dans le four Clayton. Alors se produit une deuxième réaction, et une partie de l'acide sulfureux passe à l'état d'anhydride sulfurique $SO^2 + O = SO^3$. La quantité de cet anhydride ne peut être qu'une petite fraction de la masse totale du soufre brûlé, car la réaction est limitée par une réaction inverse. La chaleur décompose $SO^3 = SO^2 + O$. Ces deux réactions inverses l'une de l'autre se produisent aux mêmes températures, et il s'établit un équilibre constant pour chaque température et variable avec elle. Les deux réactions ont été très étudiées et sont utilisées industriellement.

....

Le gaz sulfureux pur ne fume pas à l'air; l'anhydride sulfurique au contraire forme d'épaisses fumées; cette propriété est si caractéristique qu'on lui a donné le nom d'acide « fumant ». C'est un acide délétère au premier chef. Il agit par désorganisation. Sa présence dans les produits de la combustion du soufre doit en augmenter notablement les propriétés toxiques. Les vapeurs épaisses qui se produisent quand les produits du four Clayton viennent au contact de l'air sont un indice de la présence de cet anhydride.

La teneur en anhydride sulfureux avec traces d'anhydride sulfurique du gaz produit par l'appareil Clayton varie suivant l'intensité de la combustion, l'activité de la ventilation, etc; la proportion va en s'élevant peu à peu, pour arriver à 14 ou 15 p. 100. Il importe de ne pas dépasser cette limite, à partir de laquelle le soufre peut se sublimer. D'après MM. Langlois et Loir (1), cette proportion peut, au bout d'un certain temps, être atteinte dans le local à sulfurer et maintenue aussi longtemps qu'on le désire. Il n'en serait pas de même lorsqu'on brûle du soufre à l'air libre, la proportion d'anhydride sulfureux ne pouvant dépasser alors 4 à 5 p. 100.

Pour doser le gaz à sa sortie de l'appareil comme pour apprécier la proportion dans laquelle il se mélange à l'air des locaux où on l'amène, on se sert d'un petit instrument très pratique dont nous empruntons la description à un travail de M. le Dr Khayatt (2).

Il est basé sur la propriété qu'a un volume d'eau de dissoudre 79, 8 d'anhydride à la température de zéro. Il est gradué pour les températures ordinaires. Il est en verre et se compose d'un tube à deux rétrécissements; l'un, supérieur,

---

(1) Document déjà cité : (*Revue d'hygiène et de police sanitaire*, 1902, n° 5, page 418.).

(2) Prophylaxie de la peste par la destruction des insectes et des rongeurs par M. le Dr Khayatt. *Thèse de Paris, 1902*, page 84.

supporte un godet pour contenir l'eau, l'autre, inférieur, sert à ajuster le tube adducteur de SO^2. Chacun des deux étranglements possède un robinet pour mettre le tube central gradué en communication, soit avec le godet supérieur réservoir d'eau, soit avec la source de SO^2 .

Modus operandi. — Ouvrir les deux robinets, laisser passer le gaz qu'un tube amène de la salle, ou de préférence, l'insuffler par une petite pompe quelconque pour mieux permettre au gaz de chasser l'air du tube central et de prendre sa place. Pour faire équilibrer la pression, ouvrir légèrement le robinet inférieur, puis le fermer. Remplir d'eau le godet et ouvrir le robinet supérieur; une certaine quantité d'eau passe dans le tube central, dissolvant le gaz et faisan connaître par son niveau le tant pour cent marqué sur la paroi.

Ce dosimètre ne pourra donner un pourcentage rigoureusement exact. Il y aurait à faire certaines corrections de pression et de température. Les fractions de l'unité sont difficiles à prendre avec précision. Mais ces petites différences dues aux corrections sont négligeables et les dizaines ont peu d'importance. L'indication d'une quantité moindre que l'unité suffit. Cet instrument commode et peu coûteux peut être mis entre toutes les mains.

Après ce qui vient d'être dit du gaz produit par l'appareil Clayton, de sa teneur élevée en anhydride sulfureux mélangé d'anhydride sulfurique et des propriétés particulièrement toxiques qu'il doit à la présence d'une petite quantité de ce dernier gaz, de la force de pénétration qu'il acquiert par le fait de sa propulsion au moyen d'un ventilateur, on conçoit qu'il ne soit pas nécessaire d'en continuer l'emploi aussi longtemps que pour l'anhydride sulfureux produit par la combustion du soufre à l'air libre. Aussi, alors qu'avec ce dernier gaz on laisse fermés pendant vingt-quatre heures les compartiments du navire dans lequel on l'envoie, il suffit de soumettre pendant quelques heures seulement ces compartiments à l'action du gaz Clayton, d'où notable économie de temps.

Nous ferons cependant à cet égard une remarque qui nous paraît avoir une grande importance pratique et sur laquelle nous reviendrons plus loin en rendant compte des expériences faites à Dunkerque: L'effet du gaz sulfureux est naturellement d'autant plus lent à se produire que ce gaz rencontre plus d'obstacles; par conséquent, plus les compartiments dans lesquels on l'envoie sont remplis, plus les marchandises qui les occupent sont denses et difficiles à pénétrer, plus longtemps doit être maintenue l'action du gaz, plus forte doit être la pression sous laquelle il est projeté. C'est ainsi que dans deux locaux ayant un cube égal, l'un vide, l'autre rempli de marchandises, on obtiendra des résultats suffisants en envoyant pendant une demi-heure par exemple du gaz dans le premier, alors qu'il faudra prolonger cet envoi pendant deux heures dans le second. On arrivera certainement assez vite par la pratique à acquérir à cet égard des données précises.

3° *Utilisation de l'appareil Clayton à bord des navires.*

L'appareil peut être installé à demeure sur le navire (où il est utilisé également comme extincteur d'incendie) ou placé, soit sur une chaloupe ou un chaland, soit sur un wagonnet se déplaçant le long du quai où est amarré le bâtiment. Dans ce dernier cas, l'appareil est complété par une chaudière; dans les autres, il emprunte à la machine du bâtiment la force motrice nécessaire à la marche du ventilateur.

Pour employer utilement l'appareil, il est indispensable de bien connaître la disposition du navire, laquelle varie, comme on le sait, suivant chaque cas. Si l'on ignore cette disposition, on s'expose à ne faire qu'une opération incomplète. Il importe en effet que le gaz pénètre dans toutes les parties du bâtiment et du chargement, exception faite pour les marchandises qui présenteraient une susceptibilité spéciale. Disons de suite qu'en ce qui concerne ces dernières, le mieux serait de les enlever, car ce gaz est doué d'un pouvoir pénétrant assez notable pour que sa présence se manifeste sur des points éloignés de ceux où il est d'abord envoyé, et cela malgré les cloisons plus ou moins étanches qui semblent devoir s'opposer à son passage.

Cependant, ce pouvoir de pénétration, susceptible peut-être de produire dans certains cas des effets non souhaités, n'est pas tel que le gaz arrive en quantité voulue dans toutes les parties où son action serait utile, si l'on ne prend pas les dispositions nécessaires pour lui ménager un libre passage. Il faut pour cela connaître le nombre des cales, des faux-ponts, le nombre et la disposition des cloisons qui séparent les différentes parties du navire, afin de le sulfurer, soit par tranches verticales occupant toute la hauteur, soit par tranches verticales dans la partie inférieure (cales) et par tranches horizontales dans la partie supérieure (faux-ponts, cabines, salons, etc.). A cet effet l'officier sanitaire chargé de diriger l'opération devra se faire remettre un plan du navire avec indication des cloisons étanches et des ouvertures pratiquées entre les divers compartiments.

Cela dit, supposons un bâtiment dont les cales et même les faux-ponts, séparés par des cloisons verticales occupant toute la hauteur, sont entièrement remplis de marchandises. Point n'est besoin de déplacer un seul sac. L'opération est commencée par un des bouts du navire ; le conduit amenant le gaz (conduit qui peut être indéfiniment allongé au moyen de raccords) est introduit (1) dans une des manches à vent les plus rapprochées de l'extrémité de l'espace clos que l'on veut sulfurer. Par cette manche à vent qui doit descendre jusqu'au fond de la cale (2), le gaz pénètre sous une forte pression dans la partie inférieure du navire et y déplace l'air qui y était contenu en le chassant vers la partie supérieure (3). Pour recueillir cet air, qui présente ordinairement l'odeur particulière aux locaux confinés et dans lesquels se sont produites des fermentations, on place, aussi loin que possible du point d'introduction, à l'orifice d'un des panneaux correspondants, un conduit d'aspiration. Ainsi qu'il a été dit plus haut, ce conduit ramène l'air chassé des flancs du navire dans le four Clayton où il est utilisé pour la production du gaz. Lorsque cet air arrive notablement chargé de vapeurs sulfureuses, on interrompt l'aspiration. Mais il ne faut pas pour cela arrêter l'envoi du gaz qui doit être prolongé pendant un temps en rapport avec la capacité de l'espace à sulfurer, la nature et la densité des marchandises, etc., pour les motifs que nous avons précédemment indiqués.

On traite ainsi successivement toutes les parties du navire sans excepter les salons et cabines souvent visités par les rats et dans lesquels ces animaux ont plus de tendance encore à se réfugier lorsque l'odeur du gaz sulfureux les chasse des locaux inférieurs. Il ne faut pas oublier non plus les canots de sauvetage placés sur les côtés du pont dans lesquels on trouve, paraît-il, souvent des nichées de rats.

Dans les expériences faites à Dunkerque et qui ont porté sur deux bâtiments vides et sept bâtiments chargés, jaugeant de 1.400 à 4.000 tonneaux, la durée moyenne totale des opérations a été de sept heures. Les résultats obtenus au point de vue de la destruction

(1) Il est bon que ce conduit soit descendu aussi bas que possible, car, malgré la force avec laquelle le gaz est envoyé par le ventilateur, il est évident que la pression diminuera par le fait de son passage du conduit qui l'amène, dans le conduit de diamètre supérieur constitué par la manche à vent.

(2) Si cette disposition n'était pas habituelle, il serait bon que les navires fussent obligatoirement munis de colonnes de fumigation en vue de la sulfuration.

(3) Il faut bien entendu obturer aussi hermétiquement que possible les autres manches à vent pour empêcher le gaz de s'échapper.

des rats, cancrelats, araignées, etc., nous font juger cette durée insuffisante. Voici ces résultats :

Le « Diégo Suarez », steamer français, venant de Bombay avec un chargement de graines de colza, moutarde, ricin, lin, myrobolan, café, coton en sacs, chanvre en ballots et cornes de buffle en vrac, a été sulfuré le 7 septembre, de 9 heures du matin à 7 heures du soir. Le gaz a été employé à la dose moyenne de 11 p. 100. On a trouvé, immédiatement après l'opération, dans les postes de l'équipage, les cabines des mécaniciens et le salon, un nombre très considérable de cancrelats morts, ainsi qu'une certaine quantité de puces et d'araignées. Un rat et une souris ont été trouvés morts dans la cambuse; 2 autres rat et souris ont été trouvés morts également dans la cale IV. Un rat vivant a été vu dans cette même cale et a été tué par un garde sanitaire; deux souris, vivantes aussi, ont été aperçues dans la cale III ainsi que quelques cancrelats.

Le « Recina », vapeur autrichien, venant d'Alexandrie avec un chargement de graines de coton en vrac, de ballots de coton, de sacs de gomme, de tourteaux et de caoutchouc, a été sulfuré le 13 septembre, de 2 à 9 heures du soir. Le gaz a été employé à la dose moyennne de 9 p. 100. Il a été découvert, dans le poste d'équipage, un grand nombre de cancrelats morts et un rat mort dans la cale IV. Quelques araignées et cancrelats vivants ont été vus, au cours du déchargement, dans la cale III.

Le « Westminster Bridge », vapeur anglais, venant de Bombay avec un chargement de graines de lin, de pavot, de colza, de ricin, de myrobolan, de coton et de gomme en sacs, de laine en ballots et de cornes de buffle en vrac, a été sulfuré le 17 septembre, de 1 heure à 7 heures du soir. Le gaz a été employé à la dose moyenne de 9 p. 100. Il a été découvert dans le poste de l'équipage, immédiatement après l'opération, un nombre considérable de cancrelats morts. Le service sanitaire n'a constaté la présence d'aucun rat mais un ouvrier travaillant dans la cale I a déclaré, le 19 au soir, au capitaine de la santé qu'il avait vu 3 ou 4 cancrelats vivants. Un autre ouvrier a déclaré, le 20, au garde sanitaire en surveillance qu'il avait aperçu dans la cale II un rat vivant qui s'était dissimulé dans la marchandise.

Le « Mars », vapeur anglais, venant de Calcutta avec un chargement de sacs de pavot, de lin, de gomme et des ballots de jute, a été sulfuré le 25 septembre, de 7 heures du matin à 2 heures du soir. Le gaz a été employé à la dose moyenne de 11 p. 100. Un rat et un grand nombre de cancrelats morts ont été trouvés dans le poste de l'équipage; 7 autres rats, également morts, ont été trouvés dans la cale IV, ainsi que 3 rats vivants que les ouvriers ont tués. Dans la cale III, on a découvert 3 souris mortes et une nichée de 3 jeunes rats vivants. Dans la cale I, 1 rat vivant a été aperçu; il s'est dissimulé dans les marchandises. Des cancrelats vivants ont été vus en grand nombre dans toutes les cales.

Le « Port Stephens », steamer anglais, venant de Bombay avec un chargement de graines de pavot, colza, lin, myrobolan, gomme en sacs, coton en ballots et cornes de buffle en vrac, a été sulfuré le 21 octobre, de 10 heures du matin à 5 heures du soir. Le gaz a été employé à la dose moyenne de 11 1/2 p. 100. On a trouvé dans le poste d'équipage un grand nombre de cancrelats morts, 2 rats morts dans le fond de la cale IV et dans la cale I une nichée de 5 jeunes souris vivantes. Quelques cancrelats vivants ont été aperçus dans toutes les cales.

L'« Assyria », steamer anglais, venant de Calcutta, avec un chargement de jute, graines de lin et de pavot, a été sulfuré le 28 octobre de 11 heures du matin à 7 heures du soir. Le gaz a été employé à la dose moyenne de 11 1/2 p. 100. Aucun rat, ni mort, ni vivant, n'a été aperçu; on savait d'ailleurs par les officiers qu'il n'y en avait pas à bord.

Le « Heens Kerck », steamer hollandais, venant d'Alexandrie avec un chargement de graines de coton et fèves en vrac, de sacs de coton et de dattes et de balles de laine, a été sulfuré le 2 novembre, de midi à 7 heures du soir. Le gaz a été employé à la dose moyenne de 12 p. 100. Un certain nombre de cancrelats morts ont été trouvés dans le poste de l'équipage. Il n'a été aperçu au cours du déchargement qu'un seul rat malade dans la cale I. Cet animal n'a pu être pris et les recherches faites après l'enlèvement des marchandises n'ont pas permis de le retrouver.

Ces résultats laissent incontestablement à désirer; cependant ils ne nous paraissent pas infirmer la méthode mais l'application insuffisante qui en a été faite. Il ne saurait être douteux pour nous que, dans les sept cas que nous venons de citer, la sulfuration n'a pas été prolongée assez longtemps dans les cales et autres parties du navire occupées par les marchandises. Nous n'en voulons pour preuve que ce fait que l'on n'a pas trouvé de rats, cancrelats, araignées et punaises vivants dans les postes d'équipage, salon et cabines où le gaz sulfureux a pu exercer librement son action, bien que cette action ait été de courte durée. Dans les parties occupées par les marchandises au contraire la pénétration du gaz a été difficile et lente. Aussi, malgré la pression avec laquelle il y était envoyé, aurait-il fallu pour lui permettre d'agir efficacement que son action fût suffisamment prolongée, et tel n'a certainement pas été le cas dans les expériences ci-dessus mentionnées. Nous avons vu que la durée totale des opérations avait été en moyenne de sept heures, défalcation faite (si nous en jugeons par l'expérience à laquelle l'un de nous a assisté) du temps nécessaire pour mettre l'appareil en marche. Cela fait une heure à peine pour chacune des cales à marchandises et pour la partie des faux-ponts situés immédiatement au-dessus (1), car la sulfuration des salons et des cabines, du poste d'équipage, de la cambuse, etc., constitue autant d'opérations distinctes qui nécessitent, en outre du temps pendant lequel elles s'exécutent, le déplacement et le démontage des conduits. Il faut donc, nous le répétons encore, prolonger notablement l'envoi du gaz dans les parties occupées par les marchandises.

Lorsqu'on juge que l'effet cherché a été obtenu, on peut utiliser pour l'aération le ventilateur de l'appareil. La communication avec le four est alors interrompue et le même conduit qui a amené le gaz dans le local à sulfurer, y projette, avec une égale force, l'air pur du dehors. Ce mode d'aération est surtout pratique pour les parties du bâtiment qui doivent être promptement réoccupées, telles que les cabines, le salon et le poste d'équipage. Dans les sept opérations effectuées à Dunkerque, l'équipage, qui n'avait pas quitté le bord, a pu reprendre le soir même possession de son poste et y coucher sans être incommodé. Il n'en est pas de même sur les navires où le soufre est brûlé à l'air libre, comme dans le cas du « Coulsdon » cité plus haut. On conçoit donc qu'avec l'appareil Clayton la présence de passagers à bord ne soit pas un obstacle à la sulfuration du bâtiment.

---

(1) Cette division peut être considérée comme schématique.

En ce qui concerne le personnel nécessaire pour mener à bien l'opération, nous pensons, d'accord avec M. le Directeur de la santé de Dunkerque, qu'il doit comprendre quatre agents sanitaires (un officier, un mécanicien et deux gardes) auxquels sont adjoints, soit des auxiliaires, soit des hommes de l'équipage mis par le commandant à la disposition du service de la santé. L'officier, après étude du plan du navire, constatation de la nature des marchandises, de leur quantité, etc., indique comment l'opération doit être conduite, quelle doit être pour chaque partie la durée de la sulfuration, etc. Les gardes font exécuter par les auxiliaires ou les hommes de l'équipage les diverses manœuvres.

Il ne faut pas se dissimuler que le fonctionnement de l'appareil Clayton est chose délicate, et que, seuls, des agents spécialisés peuvent l'assurer dans de bonnes conditions et obtenir un résultat pleinement utile.

4° Action du gaz Clayton sur les marchandises.

La plus forte objection qui ait été faite contre la sulfuration des navires chargés et dont l'administration sanitaire, toujours soucieuse des intérêts commerciaux, devait avant tout se préoccuper, concernait la détérioration possible des marchandises. Cette objection, l'administration sanitaire n'a cessé de l'avoir présente à l'esprit, aussi, n'est-ce qu'après la constatation de faits précis établissant l'innocuité du gaz sulfureux à l'égard du plus grand nombre des marchandises, qu'elle s'est décidée à inviter les directeurs de la santé à sulfurer avant déchargement les navires de provenance suspecte de peste, et encore les a-t-elle, ainsi que nous l'avons rappelé au début de ce rapport, laissés juges des cas où la mesure devait recevoir son application.

En ce qui concerne plus spécialement le four Clayton, l'administration ne s'est pas montrée moins prudente. Bien que son attention ait été depuis près d'un an appelée sur cet appareil, bien qu'elle ait suivi avec intérêt les expériences faites au Havre en janvier et février sur deux navires (1) de la Compagnie transatlantique, et qu'elle ait pu, dès ce moment, se rendre compte de quelques-uns des avan-

(1) Ces navires ne contenaient que quelques échantillons de marchandises.

tages du procédé, elle continua son enquête au sujet de l'action du gaz sulfureux sur les marchandises, et ne se tint pour satisfaite qu'après avoir pu procéder elle-même à Dunkerque aux constatations que nous allons indiquer. Ces constatations ont été de deux ordres : les unes ont porté sur la cargaison des sept navires dont nous avons parlé plus haut, et qui consistait en graines de lin, de coton, de colza, de ricin, de pavots, de moutarde, en gomme, myrobolan, café, caoutchouc, tourteaux, jute, coton et cornes. Aucune de ces substances n'a subi d'altération et le service sanitaire n'a été saisi à ce sujet d'aucune plainte. Les autres constatations, portant sur des échantillons de ces mêmes marchandises ou de marchandises différentes, de denrées ou objets divers pouvant être transportés à bord des navires, ont été faites le 27 septembre, sur la demande de l'administration, par M. le Dr Duriau, directeur de la santé de Dunkerque, avec le concours de M. David, chimiste en chef des finances, et en présence de M. le Dr Calmette, directeur de l'Institut Pasteur de Lille. C'est dire que cette étude a été conduite avec toute la compétence et les garanties désirables. Nous reproduisons *in extenso* le rapport adressé le 7 octobre par M. le Dr Duriau à M. le ministre de l'intérieur.

Le navire qui a servi de champ d'expériences est le vapeur « René », de 1.200 tonnes, mis très gracieusement à la disposition du service sanitaire par son propriétaire, M. Noël Dubuisson de Dunkerque. Ce steamer, désarmé depuis douze jours environ, a fait comme dernier voyage celui d'Oran, d'où il a rapporté un chargement d'orge.

La cale arrière et le salon du navire communiquant par une trappe qu'on avait ouverte, ont été choisis pour y déposer les différents échantillons destinés aux expériences.

Ces échantillons ont été divisés comme suit :

1° un échantillon type ;
2° un échantillon sec ;
3° un échantillon humide.

Cette façon de procéder est destinée à s'assurer que l'acide sulfurique qui peut se produire, à l'état humide, est ou n'est pas en quantité suffisante, pour détériorer la marchandise ou pour n'avoir aucun effet sur elle.

Les échantillons types ont été placés en dehors des atteintes des vapeurs de soufre et à l'abri de toute humidité ; quant aux échantillons secs et humides, séparés les uns des autres, ils ont été déposés dans la cabine.

Le tuyau de refoulement du gaz est descendu par la manche à air jusqu'au fond de la cale arrière ; le tuyau d'aspiration est placé au niveau du panneau de cette même cale.

Le capitaine du « René » assure que la cale arrière est séparée de la cale avant par deux cloisons étanches qui empêcheront le gaz de diffuser à l'avant. Malgré cette assertion, une certaine quantité passe dans la cale avant, forçant par le fait à une production plus considérable d'acide sulfureux et à une séance plus longue.

Les panneaux et tous les orifices sont bouchés hermétiquement et le gaz est lancé à 10 h. 55.

CHOIX DES ÉCHANTILLONS.

On s'est astreint dans le choix des échantillons à soumettre aux expériences, à reproduire le plus exactement possible le type des marchandises le plus couramment importées, ainsi que le type des aliments et des objets d'ameublement de tous les navires.

Voici par ordre de classement la nature des marchandises enfermées dans la cabine.

ÉTOFFES ET CUIRS.

Tissu de laine, teint douteux, violet.
Tissu de laine, teint douteux, vert d'eau.
Tissu de coton, faux teint, violet.
Tissu de coton, bon teint, rayé rose.
Velours laine, bon teint pour banquettes, vert.
Velours coton, faux teint, rose.
Drap gris.
Soie bleue.
Soie grise.
Caoutchouc.
Cuir jaune.
Cuir noir.

ALIMENTS.

Viande boucherie : bœuf
Viande charcuterie : saucisson.
Poisson : morue.
Fromage de Hollande.
Navets.
Carottes.
Pommes de terre.
Biscuits.
Pâtes (macaroni).
Sucre.
Sel.
Poivre (en grains).
Thé.
Café vert.
Chocolat.
Vin.
Eau douce.

CÉRÉALES ET DIVERS.

Blé.
Avoine.
Orge.
Farine de froment.
Riz.
Graines de coton blanches.
Graines de coton brunes.
Graines de sésame.
Graines de pavot.
Graines de lin.
Graines de colza.
Arachides.

Céréales et divers (*suite*).

Fibres de jute.
Coton.
Laine.
Peaux de mouton.
Tabac de la régie.
Cigarettes.
Cigares.

Bois doré.
Bois peint en rose pâle.
Livres.
Toile peinte à l'huile.
Acier.
Cuivre.
Nickel.

DESCRIPTION DE L'OPÉRATION.

L'opération commence, comme il a été dit plus haut, avec les deux tuyaux de refoulement et d'aspiration à 10 h. 55. Le tuyau d'aspiration placé dans la cale arrière est enlevé à 11 h. 35. A ce moment le titre de l'acide sulfureux, pris à l'éprouvette à sa sortie de l'appareil, est de 6 p. 100. La cale est pleine de gaz. A midi le titre est de 7 p. 100.

On constate en regardant à travers le dôme en verre de la cabine que le gaz ne pénètre que lentement à cet endroit; les mouches volent encore dans la partie supérieure. Le tuyau d'aspiration est replacé de nouveau, mais cette fois on le fait pénétrer par un hublot dans la cabine, à midi.

A midi 15 on obtient de suite .... 8 p. 100.
A midi 20.............................. 9 p. 100.
A midi 28.............................. 15 p. 100.

On ouvre alors les portes du jour.

A midi 40.............................. 10 p. 100.
A midi 45.............................. 11 p. 100.
A une heure............................ 14 1/2 p. 100

Un échantillon de gaz pris alors dans la cale donne 5 p. 100.

On cesse d'envoyer du gaz à 1 h. 10, et les panneaux de la cale, les portes et le hublot de la cabine restent fermés jusqu'à 3 heures.

L'opération a donc duré de 10 h. 55 à 1 h. 10. La longueur de l'opération dans une cale vide a été occasionnée par la diffusion du gaz dans la cale avant dont les panneaux étaient restés ouverts et dans laquelle on travaillait; le titrage de 5 p. 100 dans la cale arrière, de beaucoup inférieur au titrage 14 1/2 p. 100 au point de départ, est dû à la même cause. M. le Prof[r] Calmette a pu s'assurer, en faisant concurremment au service sanitaire, une série d'expériences sur des cultures dans une petite chambre bien close, qu'on ne trouve qu'une différence maximum de 3 degrés dans le titre de l'acide sulfureux, entre son point de départ du jour et son point de diffusion dans la cabine, quand l'endroit où on opère est bien clos.

Les portes de la cabine et les panneaux de la cale sont ouverts à 3 heures; mais on ne peut y pénétrer que vers 4 h. 3/4. La cabine s'aère assez difficilement. Il n'existe pas de hublots à l'arrière du navire et l'acide sulfureux y séjourne plus longtemps. C'est dans cette partie de la cabine que sont placés les échantillons humides, qui par suite restent plus longtemps en contact avec le gaz.

Examen des marchandises

Aussitôt qu'il est possible de descendre dans la cale arrière, on ramasse 15 rats crevés. Douze autres cadavres de rats, plus celui d'un chat qu'on n'avait pu faire remonter, sont découverts le lendemain. Le sol de la cabine est jonché de mouches mortes.

En pénétrant dans la cabine on ne trouve rien d'abîmé, à l'exception d'un tapis de table légèrement décoloré; les cuivres supportant les tables de roulis et courant le long des boiseries sont intacts, les velours, les cuirs des banquettes et des fauteuils ne sont nullement altérés; des tentures brunes séparant le fond de la cabine ne sont aucunement décolorées et cependant elles n'ont été encore que fort peu aérées.

Les mêmes constatations sont faites le 30 septembre (trois jours après) lors d'une seconde visite à bord du navire.

Étoffes. Tissu de laine, teint douteux, violet. — Échantillon sec : pas d'altération. Échantillon humide : légèrement blanchi. Très forte odeur de soufre. Au bout de trois jours, l'échantillon humide est presque revenu à l'état normal.

Tissu de laine, teint douteux, vert d'eau. — Échantillon sec : pas d'altération. Échantillon humide : légèrement foncé. Très forte odeur de soufre. Au bout de trois jours, même état.

Tissu de coton, faux teint, violet. — Échantillon sec : pas d'altération. Échantillon humide : légèrement déteint. Très forte odeur de soufre. Au bout de trois jours, même état.

Tissu de coton, bon teint, rayé rose. — Échantillon sec : pas d'altération. Échantillon humide : pas d'altération. Très forte odeur de soufre. Au bout de trois jours, même état.

Velours de laine, bon teint, pour banquettes, vert. — Échantillon sec : pas d'altération. Échantillon humide : légèrement foncé. Très forte odeur de soufre. Au bout de trois jours, moins foncé.

Velours de coton, faux teint, rose. — Échantillon sec : pas d'altération. Échantillon humide : légèrement décoloré. Très forte odeur de soufre. Au bout de trois jours, même état.

Drap gris. — Échantillon sec : pas d'altération. Échantillon humide : pas d'altération. Très forte odeur de soufre. Au bout de trois jours, même état.

Soie bleue. — Échantillon sec : pâli. Échantillon humide : devenu violet. Très forte odeur de soufre. Au bout de trois jours le type sec est le même, le type humide est redevenu bleu très pâle.

Soie grise. — Échantillon sec : pas d'altération. Échantillon humide : blanchi légèrement. Très forte odeur de soufre. Au bout de trois jours, même état.

Les tissus à l'état sec et à l'état humide ont été essayés après quarante-huit heures pour se rendre compte si une partie de l'acide sulfureux s'était transformé en acide sulfurique. Le résultat a été négatif pour les tissus secs.

Quant aux tissus humides, on a constaté la présence d'une faible quantité d'acide sulfurique (ébullition du tissu dans de l'eau distillée et recherche de l'acide sulfurique par le chlorure de baryum acidulé). D'une façon générale, d'après nos expériences, si l'action du gaz sulfureux sur les tissus formant les tentures d'un navire paraît nulle, il n'en serait évidemment pas de même sur un chargement de tissus si dès la fin de la désinfection on ne prenait soin d'ouvrir les caisses pour hâter l'aération de leur contenu.

Caoutchouc. — Échantillon sec : pas d'altération. Échantillon humide : pas d'altération. Très forte odeur de soufre. Même état trois jours après.

Cuirs jaune et noir. — Échantillon sec : pas d'altération. Échantillon humide : pas d'altération. Très forte odeur de soufre. Même état trois jours après.

Viande boucherie : Bœuf. — Le seul échantillon est humide; la superficie de la viande est légèrement noircie sur une épaisseur de 2 millimètres environ. Très forte odeur de soufre. Au bout de deux heures à l'air, la viande reprend sa couleur; l'équipage qui l'a mangée l'a trouvée excellente sans le moindre goût de soufre.

Viande charcuterie. — Le saucisson n'a été nullement altéré, et au bout de deux heures d'aération avait perdu toute odeur et était d'un goût excellent.

Poisson : Morue. — L'échantillon était intact. L'odeur de soufre avait disparu au bout de deux heures et l'équipage qui l'a mangé ne lui a trouvé aucun goût sulfureux.

Fromage de Hollande. — Est partiellement décoloré autour des yeux, mais ne présente aucun mauvais goût.

Navets. — Paraît intact extérieurement; échantillon humide possédant une forte odeur de soufre.

Carottes. — Extérieurement les deux échantillons sont légèrement blanchis; forte odeur de soufre.

Pommes de terre. — L'échantillon sec et l'échantillon humide paraissent absolument intacts. Très forte odeur de soufre même à l'intérieur.

Expériences de laboratoire faites sur ces légumes quarante-huit heures après la sulfuration. — Les navets ont absorbé une quantité considérable d'acide sulfureux. Pour s'en rendre compte, il suffit de couper un navet dans sa longueur, et d'imbiber la surface de section avec la teinture de tournesol bleue. Cette solution rougit fortement sur la périphérie et reste bleue au centre.

Un papier bleu de tournesol placé entre deux sections de carotte qu'on rapproche, rougit également sur une faible partie de la périphérie, mais moins profondément que pour le navet.

La pomme de terre soumise aux expériences précédentes est restée absolument intacte de quelque façon qu'on la sectionne et en présence des différents procédés de laboratoire.

Les légumes très aqueux (navets, carottes) absorbent une grande quantité d'acide sulfureux qui toutefois ne peut être nuisible, puisque ces légumes doivent être soumis à l'ébullition dans une eau toujours légèrement calcaire qui sature l'acidité. Ce qui corrobore ce que nous avançons, c'est que l'équipage qui a mangé les deux types de légumes soumis aux vapeurs sulfureuses ne leur a trouvé aucun mauvais goût.

Biscuits. — Échantillon sec : pas d'altération. Échantillon humide : forte odeur sulfureuse. Trois jours après, l'odeur a disparu et ils sont intacts.

Pâtes. Sucre. Sel (type sec). *Poivre en grains. Thé. Café en grains. Chocolat.* — Les échantillons secs et humides (sauf pour le sel) ne sont nullement altérés ni décolorés ; ils présentent tous une très forte odeur de soufre qui, au bout de trois jours, a disparu à peu près complètement.

Vin. — Un verre de vin de Marsala, laissé au contact des vapeurs sulfureuses, est partiellement décoloré et a un goût sulfureux très prononcé.

Eau. — Un échantillon d'eau pris dans une cruche à demi remplie et restée dans le salon pendant l'opération a une forte odeur sulfureuse et donne, à l'analyse faite quarante-huit heures après la sulfuration, 1 gr. 56 d'acide sulfureux par litre (procédé à l'iode et à l'hyposulfite). Il faut donc avoir soin d'appliquer très strictement l'article 57 du règlement de 1896 qui dit « qu'en tous cas l'eau potable du bord doit être renouvelée ».

Blé, avoine, orge, riz. — Les échantillons secs et humides de ces différents produits ne sont nullement altérés ; ils présentent une très forte odeur de soufre qui disparaît très rapidement quand on les étend pour les aérer.

Farine de froment. — L'échantillon sec et l'échantillon humide ne sont pas altérés. Ils présentent une forte odeur de soufre. Après l'aération du type sec, on ne peut percevoir aucune odeur sulfureuse. Pour se rendre compte de l'action du soufre sur la diastase, un échantillon du type sec a été soumis à la panification après passage au blutoir et on a eu un pain de qualité ordinaire. Il est évident qu'on ne peut s'occuper ici de l'échantillon humide de la farine qui n'est autre que de la farine avariée toujours refusée par l'acheteur.

Graines de coton blanches. Graines de coton brunes. Graines de sésame. Graines de pavot. Graines de lin. Graine de colza. Arachides. — Les échantillons secs et humides de ces graines et arachides ne sont ni altérés, ni décolorés. Ils ont une forte odeur de soufre qui disparaît. Les échantillons sont intacts trois jours après les épreuves.

Fibres de jute. Coton. Laine. — Les échantillons secs et humides sont intacts ; ils sentent très fortement le soufre.

Peaux de mouton. — Échantillon sec et échantillon humide nullement altérés ; très forte odeur de soufre.

Tabac, Cigarettes, Cigares. — Les échantillons secs et humides ne sont pas altérés; ils présentent une très forte odeur de soufre qui s'évapore au bout d'une heure environ. Ces produits ont été fumés par l'équipage qui ne leur a trouvé aucun mauvais goût.

Bois doré. — Les deux échantillons sont intacts.

Bois peint en rose pâle. — Échantillon sec et humide légèrement foncés.

Livre. — Pas d'altération.

Toile peinte à l'huile. — Pas d'altération.

Acier, Cuivre et Nickel. — Légèrement ternis; couleur revenant après frottement.

Comme il a été dit, tous ces produits ont été examinés après l'opération puis revus trois jours après, réexaminés de très près. Tout ce qui a paru prêter à quelque doute a été alors soumis aux expériences de laboratoire et nous en avons donné les résultats au cours de ce rapport.

De toutes ces expériences qui ont été contrôlées scientifiquement, il résulte:

1° que l'appareil Clayton tue les rats et les insectes, même avec un titre de 5 p. 100;

2° que les vapeurs sulfureuses pénètrent partout;

3° qu'au point de vue de l'altération des tissus, l'action des vapeurs sulfureuses paraît nulle, si l'on a soin d'aérer rapidement l'endroit où ils se trouvent;

4° qu'au point de vue de l'action sur la couleur, celle-ci, d'après les essais faits sur des tissus teints aux couleurs d'aniline, semble très faible et peut dépendre de la nature des colorants;

5° que les produits alimentaires ne paraissent pas altérés, en se conformant aux précautions d'aération;

6° que les graines oléagineuses, les céréales, les jutes, les cotons, les laines ne paraissent nullement altérés, en se conformant aux précautions d'aération;

7° que les objets et ustensiles d'ameublement ne paraissent nullement altérés, en se conformant aux prescriptions énoncées ci-dessus;

8° que les métaux ne paraissent nullement altérés, en se conformant comme plus haut;

9° que le gaz sulfureux présente un avantage considérable sur d'autres gaz (acide carbonique par exemple) parce que son odeur le fait reconnaître de suite, et une aération de quelques heures le fait disparaître et permet le travail dans les cales sans présenter aucun danger pour les ouvriers.

Enfin nous compléterons ce rapport en y annexant le tableau ci contre permettant de reconnaître de suite quels sont les produits sur lesquels l'appareil Clayton peut avoir une action nocive et quels sont ceux sur lesquels il n'a aucune action.

TABLEAU INDIQUANT LES SUBSTANCES SUR LESQUELLES LE GAZ PRODUIT PAR L'APPAREIL CLAYTON N'A PAS D'ACTION OU PEUT EXERCER UNE ACTION NOCIVE.

SANS ACTION NOCIVE	AVEC ACTION NOCIVE POSSIBLE
Tissu de laine (sec) non en ballot. Tissu de coton (sec) non en ballot. Velours de laine (sec) non en ballot. Drap (sec) non en ballot. Caoutchouc. Cuirs. Peaux. Viandes (boucherie charcuterie). Poissons. Fromages. Biscuits. Pain, etc. Légumes (Navets. Carottes. Pommes de terre, etc.). Fruits. Pâtes. Sucre. Sel. Poivre. Thé. Café. Chocolat. Céréales. Blé. Avoine, Orge, etc. Farines. Riz. Graines (coton, sésame, pavot, lin, colza, etc.) Arachides. Jute. Coton. Laine. Tabac. Cigares. Cigarettes. Objets ameublement. Bois peint. Dorures, etc. Acier. Cuivre. Nickel.	Tissu de laine en ballot. Tissu de coton en ballot. Velours de laine en ballot. Drap en ballot. Soie. L'action nocive est possible en raison de la difficulté d'aérer ces tissus lorsqu'ils sont en ballots. Le vin débouché et l'eau sont altérés.

Il est toujours expressément recommandé d'aérer dès la fin de l'opération tous les objets soumis à l'action du gaz produit par l'appareil Clayton.

Dunkerque, le 6 octobre 1902.

Le directeur du service sanitaire,

G. Duriau.

Les réserves que M. le Dr Duriau croit devoir faire à l'égard de l'action du gaz sulfureux sur certaines étoffes, *en se plaçant surtout au point de vue de la durée de cette action*, sont confirmées par les lignes suivantes empruntées au rapport déjà cité de M. Rosenstielh (1).

Il n'est pas douteux qu'il ne peut être question ici d'une résistance indéfinie. Mais cette condition n'est pas nécessaire dans la pratique. Plus le mélange gazeux est toxique, moins le temps comptera comme facteur, et sous ce rapport encore il faut se féliciter de la présence de l'anhydride sulfurique dans le gaz de la combustion du soufre tel qu'il sort du four Clayton.

L'anhydride sulfurique, imprégnant dans une proportion infinitésimale les tissus qui sortent de l'atmosphère sulfureuse, se transforme nécessairement en acide sulfurique au contact de l'eau hygrométrique des tissus.

Sous ce rapport, ni la laine, ni la soie, ni les couleurs, ne sont exposées à souffrir, au contraire.

Les acides sont utiles à la fibre textile animale et avivent les couleurs, toujours s'il s'agit de faibles quantités, ainsi que cela est le cas ici. La seule fibre qui ait à craindre l'action prolongée des acides, c'est le coton. Car celui-ci se désagrège sous leur influence, en supposant que l'acide se condense dans la masse de la fibre en proportion suffisante pour produire une altération. Ceci est le point délicat à travailler au point de vue particulier qui est envisagé ici.

Quand le tissu n'est formé que par le coton seul, les proportions d'acide qui s'y condensent sont infinitésimales, étant donnée la composition des gaz du four Clayton ou plutôt de la chambre à soufrer. Ces conditions sont beaucoup moins favorables pour les tissus mélangés parmi eux la laine avec chaîne coton. J'ai dû expertiser il y a une trentaine d'années à Mulhouse un lot d'étoffes de laine à chaîne en coton, dans lequel celui-ci, après blanchiment, était devenu très cassant. Ces étoffes avaient été blanchies par le soufrage ainsi que cela se pratique couramment, en exposant les tissus dans une chambre dans laquelle on introduit les produits de la combustion du soufre. Après analyse, il fut constaté que le coton était imprégné d'acide sulfurique en petite quantité, tandis que la laine était imprégnée d'acide sulfureux, en grande partie combiné.

La laine condensant sur sa substance le gaz sulfureux, lequel à l'air ambiant s'oxyde lentement et se transforme en acide sulfurique, constitue pour le coton qui est en contact avec elle une cause d'altération lente et prolongée. La laine n'en subit aucune altération. De fait le tissu a été détruit par l'acide sulfurique formé aux dépens de l'acide sulfureux emmagasiné par la laine.

Il faut dire cependant que, dans le cas de blanchiment, le séjour dans la chambre à soufrer est d'au moins vingt-quatre heures, et que les étoffes y sont suspendues mouillées, tandis que dans la chambre à désinfecter le séjour est bien plus court et on exclut l'influence dissolvante de l'eau. Ce sont là deux

(1) Document déjà cité : *Revue d'hygiène et de police sanitaire*, 1902, n° 5, p. 419.

conditions favorables à la conservation des étoffes, et qui le sont d'autant plus que la présence d'anhydride sulfurique dans le gaz du four Clayton, en augmentant leur toxicité, diminue heureusement l'influence du seul facteur dangereux qui est la durée du traitement.

Dans un autre rapport également cité par MM. les Drs Langlois et Loir (1), M. Rosenstielh relate les expériences auxquelles il a procédé pour déterminer l'effet du four Clayton sur les couleurs des étoffes d'ameublement teintes ou imprimées. Il n'a constaté aucune altération, tant au point de vue de la couleur qu'à celui de la résistance de la fibre, sur les peluches de coton et cretonnes, mais seulement une légère modification de nuance de 3 échantillons de soie sur 150 exposés à l'action du gaz.

En ce qui concerne les métaux au sujet desquels les compagnies de navigation ont à diverses reprises exprimé des craintes, M. Rosenstielh écrit :

> On peut dire qu'ils sont hors de cause ; ni l'acide sulfureux ni l'anhydride sulfurique, pris même à leur maximum de concentration, n'agissent à la température ambiante. Le fer reste absolument brillant, indéfiniment, au contact de ces acides énergiques, à tel point que l'anhydride sulfurique est emballé et expédié dans des vases en tôle. Quant à l'acide sulfureux, on sait que le gaz liquéfié, dont M. Raoul Pictet se sert dans ses appareils frigorifiques, circule dans des machines en fer et que le métal reste brillant et n'est nullement attaqué à la longue. Il n'y a donc rien à craindre pour les objets en métal exposés au gaz provenant du four Clayton. Si un peu d'eau et d'oxygène sont en présence, une altération très superficielle se produira.

C'est cette altération superficielle qui a été seule constatée dans les opérations faites, soit au moyen de la combustion du soufre à l'air libre, soit avec l'appareil Clayton ; elle disparaît par l'astiquage. Nous pouvons ajouter que les très nombreuses sulfurations pratiquées dans les cales des navires déchargés n'ont pas, à notre connaissance, altéré les tôles, contrairement à l'objection qui avait été faite à l'égard de ce procédé par diverses compagnies de navigation.

Les indications contenues dans le rapport de M. le Dr Duriau au sujet des substances alimentaires sont confirmées par les

---

(1) Document déjà cité : *Revue d'hygiène et de police sanitaire*, 1902, n° 5, p. 416.

lignes suivantes que nous empruntons encore à MM. Langlois et Loir :

Les matières alimentaires ne subissent aucune altération à la suite d'un séjour d'une heure dans le gaz Clayton. Nous avons fait l'expérience avec du thé, du café, des raisins secs, des figues, du pain, des dattes, de la farine (qui conserve l'odeur pendant trois ou quatre heures mais qu'une simple aération débarrasse rapidement) du fromage, du sucre, du beurre, du raisin frais, du tabac, de la viande, du saucisson. L'orge soumise à la fumigation reste propre à malter.

Les renseignements concernant l'action du gaz sulfureux sur les marchandises ou les navires ne pouvant être trop nombreux, vu l'importance des intérêts en jeu, nous joignons aux indications qui précèdent la lettre suivante adressée à l'un de nous par M. le Dr Souchon, président du Conseil de santé de la Nouvelle-Orléans, en réponse aux questions qui lui avaient été posées au sujet de l'emploi de l'appareil Clayton :

Questions posées.	*Réponses.*
	Nouvelle-Orléans, 14 mars 1902. En réponse à votre lettre du 27 février, j'ai l'honneur de vous faire savoir ce qui suit :
1° L'appareil Clayton est-il employé depuis longtemps à la Louisiane ?	1° L'appareil Olliphant - Clayton, fourneau à soufre, est en usage dans cet état depuis dix ans.
2° Quels sont les navires soumis à la désinfection par l'acide sulfureux et dans quel but leur fait-on subir cette opération ? Est-elle dirigée contre les germes infectieux ou contre les rats, les moustiques, la vermine ?	2° On soumet à la désinfection par le gaz sulfureux les navires provenant des ports en quarantaine suspects ou infectés. Le but principal est de détruire les germes infectieux ; secondairement on obtient la destruction des rats, moustiques et vermine.
3° Quels résultats obtient-on au point de vue de la destruction des rats, des moustiques, etc. ?	3° Des résultats entièrement satisfaisants.
4° Quelle est la durée des opérations, aération comprise ?	4° La désinfection ou plutôt la production du gaz est continuée de une à six heures, suivant les dimensions du navire, et le gaz y est retenu de douze à vingt-quatre heures. Le navire est gardé en quarantaine pendant cinq jours, durée de la période d'incubation de la fièvre jaune.

5° L'acide sulfureux est-il envoyé dans toutes les parties du navire, cales, postes d'équipage, cabines, machinerie, ou seulement dans les cales ?

5° Toutes les parties du navire qui peuvent être closes sont soumises au vapeurs sulfureuses.

6° La désinfection se fait-elle avec les marchandises à bord ou après le déchargement ?

6° La cargaison reste « en l'état » durant la fumigation. Les navires de commerce réguliers de la Nouvelle-Orléans ont dans chaque cale un conduit spécial pour faciliter l'introduction du gaz.

7° Les marchandises sont-elles détériorés par l'action de l'acide sulfureux ?

7° Aucun dommage n'a été causé aux marchandises à l'état sec. En présence de l'humidité, le gaz anhydre est converti en $H^2 SO^3$, lequel a des propriétés blanchissantes.

8° Le navire lui-même est-il détérioré par les opérations répétées de désinfection ?
La coque et les machines en particulier ont-elles à en souffrir ?

8° Aucun dommage d'aucune sorte n'a été causé aux navires par l'acide sulfureux anhydre.

9° L'appareil Clayton est-il placé sur un chaland ou sur le navire même ?

9° Un appareil de notre station sanitaire est placé sur un remorqueur qui peut accoster le long du navire. Un autre appareil est installé sur un wagonnet sur rails se déplaçant le long du quai.

10° Quel est le prix de revient moyen d'une opération de désinfection pour un navire de moyen tonnage ?

10° Le prix de la désinfection complète d'un bateau est de 105 dollars (530 francs environ).

Veuillez agréer, etc..

5° *Action du gaz Clayton sur les microbes.*

L'action désinfectante de l'anhydride sulfureux a été trop souvent étudiée pour qu'il y ait lieu d'y revenir ici ; mais, ainsi que nous l'avons indiqué plus haut en nous appuyant sur le témoignage de M. Rosenstiehl, le gaz produit par l'appareil Clayton est différent de l'anhydride sulfureux produit par la combustion du soufre à l'air libre, en ce qu'il renferme de l'anhydride sulfurique et qu'il peut atteindre, dans les locaux où il est envoyé, un pourcentage beaucoup plus élevé (15 p. 100 au lieu de 5 p. 100).

Dans ces conditions, il était intéressant de savoir quel serait, au point de vue microbicide, l'effet de ce gaz.

Cette recherche avait déjà été faite en Angleterre. Dans le rapport officiel du Chef du service sanitaire de Cardiff pour le 1er trimestre de 1902, sont relatées (p. 22) les expériences effectuées à bord du vapeur « Celtic Monarch » par M. le Dr W. C. Savage, attaché au laboratoire d'hygiène publique. Ce bactériologiste s'exprime ainsi :

Dans les expériences sur le « Celtic Monarch », les organismes en culture liquide ont été répandus sur des petites bandes de tissus placées dans des verres et couvertes de cloches en verres non étanches. Toutes les cultures ont été placées dans un panier au fond de la cale et soumises à l'action du gaz sulfureux pendant douze heures.

On n'a pas expérimenté avec des cultures sèches, mais on s'est servi de cultures actives (épreuve plus rigoureuse).

Trois morceaux distincts de tissu ont été employés pour chaque variété de micro-organisme ; les microbes soumis à l'examen furent ceux de la peste, du choléra, de la fièvre typhoïde, de l'anthrax et un des organismes de la suppuration (Staphylococcus pyogenes aureus).

Les examens montrèrent que tous les bacilles de la peste, du choléra et de la fièvre typhoïde avaient été détruits. Des échantillons de staphylococci, deux avaient été détruits, un avait résisté. Les trois cultures d'antrax avaient résisté sans avoir été affectées par l'agent germicide. L'expérience est satisfaisante dans ces limites et démontre que le gaz sulfureux *produit de cette façon* a des qualités germicides qui détruisent les bactéries sans spores, mais que son action ne suffit pas pour détruire les germes avec spores. L'anthrax avec ses spores est un organisme très résistant. Dans la pratique cependant il est peu probable qu'on rencontre des bactéries nuisibles avec spores dans les cales des navires.

Ces expériences ont été reprises à Dunkerque par M. le Profr Calmette, directeur de l'Institut Pasteur de Lille, qui adressait le 9 octobre à M. le ministre de l'intérieur la lettre suivante :

Monsieur le Président du Conseil,

J'ai l'honneur de vous adresser le rapport ci-joint relatif aux expériences de contrôle que j'ai effectuées le 27 septembre dernier à Dunkerque, avec la collaboration de M. le Dr Duriau, directeur de la santé, et de M. le Dr Hautefeuille, préparateur à l'Institut Pasteur de Lille, à bord du vapeur « René », relativement à la désinfection de ce navire au moyen de l'appareil Clayton.

M. le Dr Duriau a dû vous rendre compte dans un rapport spécial des résultats obtenus en ce qui concerne la destruction des rats et les effets du gaz sulfureux sec sur les diverses marchandises.

Mes expériences se rapportent exclusivement à l'action désinfectante du procédé Clayton sur les lignes et objets artificiellement contaminés avec des cultures de microbes pathogènes de la fièvre typhoïde, du choléra et de la peste.

. . . .

Dr CALMETTE.

A cette lettre était joint le rapport suivant qui emprunte à la notoriété scientifique de son auteur le plus grand intérêt.

RAPPORT SUR LA DÉSINFECTION PAR LE PROCÉDÉ CLAYTON A BORD DES NAVIRES, PAR M. LE Pr A. CALMETTE, DIRECTEUR DE L'INSTITUT PASTEUR DE LILLE, MEMBRE CORRESPONDANT DE L'ACADÉMIE DE MÉDECINE, ET M. LE Dr HAUTEFEUILLE, PRÉPARATEUR A L'INSTITUT PASTEUR DE LILLE.

Le 27 septembre 1902, nous avons entrepris à bord du vapeur « René », appartenant à M. Noël Dubuisson et arrivé depuis douze jours d'Oran, avec un chargement d'orge, des expériences en vue de déterminer l'action désinfectante du gaz « Clayton » sur les linges et objets contaminés artificiellement par les microbes pathogènes de la fièvre typhoïde, du choléra et de la peste.

Ces microbes ont été choisis, parce qu'ils sont les plus intéressants au point de vue de la prophylaxie sanitaire maritime.

Nos expériences ont été effectuées avec la collaboration de M. le Dr Duriau, directeur de la santé du port de Dunkerque, qui s'est chargé d'étudier plus spécialement et en même temps que M. David, chimiste en chef du ministère des finances, les résultats obtenus en ce qui concerne la destruction des rats et les effets du gaz sulfureux sec sur les diverses marchandises.

Le navire choisi est un bâtiment tout en fer de 1.200 tonnes, divisé en deux compartiments. Le compartiment d'arrière, entièrement déchargé de marchandises, communiquait par un panneau ouvert avec le salon et les cabines situées sous la dunette. Ce compartiment d'arrière seul a été mis à notre disposition, l'équipage étant occupé à décharger la cale avant.

L'appareil Clayton était placé sur un chaland, le long du bord.

Nous avions préparé à l'Institut Pasteur de Lille des cultures récentes de fièvre typhoïde, de choléra et de peste, qui nous ont servi à imprégner de petites bandes de flanelle. Ces bandes de tissus artificiellement infectées ont été introduites, les unes à l'état sec, les autres à l'état humide, dans des tubes de verre cylindriques de 30 millimères de diamètre, préalablement stérilisés, ouverts à leurs deux extrémités et bouchés avec du coton.

D'autres bandes infectées avec les mêmes microbes, les unes sèches, les autres humides, ont été enveloppées dans un double papier buvard stérilisé, puis dans un carré de flanelle également stérilisé, et enfin dans un double papier écolier gommé, formant ainsi des sachets séparés pour chaque espèce de microbes.

Pour chaque série, nous avons réservé un témoin sec et humide. Les témoins, pendant toute la durée de l'opération, sont restés sur le pont du navire, hors de l'atteinte des vapeurs sulfureuses.

Nous avons effectué deux opérations successives, l'une dans la cale arrière communiquant avec le salon de la dunette, l'autre dans une cabine isolée à babord, servant de logement au maître-coq.

Première opération : cale arrière. — Nous avons disposé à fond de cale, dans la partie la plus basse du navire, une série de tubes et de sachets renfermant, les uns des cultures sèches, les autres des cultures humides de fièvre typhoïde, choléra et peste. Une série semblable de tubes et de sachets a été placée à la partie supérieure du faux pont, à tribord, immédiatement à côté du panneau ouvert sur la cale.

Les panneaux du pont ayant été ensuite fermés, on a introduit dans la cale les deux tuyaux d'aspiration et de refoulement communiquant avec l'appareil Clayton.

L'appareil a été mis en marche à 10 h. 55 du matin, le ventilateur aspirant et refoulant 25 mètres cubes de gaz environ à la minute. Les titrages de concentration du gaz ont été effectués environ tous les quarts d'heure sur la conduite de refoulement, immédiatement à la sortie du réservoir de combustion du soufre.

A 11 h. 55, une heure après la mise en marche, le titrage donnait une concentration de........................ 7 p. 100 d'acide sulfureux.

à 12 h. 10	8	—	—
à 12 h. 30	10	—	—
à 12 h. 40	11	—	—
à 12 h. 55	14,5	—	—
à 1 heure	15	—	—

A ce moment, nous faisons, à l'aide d'un tube de caoutchouc et d'une petite pompe aspirante et foulante en verre, une prise de gaz à la partie la plus élevée du faux pont, tout près du panneau supérieur. Le titrage nous donne seulement 5 p. 100.

Le refoulement du gaz est arrêté à 1 h. 10, soit deux heures quinze minutes après le début de l'opération. Deux heures plus tard, à 3 h. 10, on ouvre les panneaux. On aperçoit aussitôt dans la cale et sur le faux pont une vingtaine de rats tués.

A 5 heures, l'aération est suffisante pour permettre de descendre dans la cale et de retirer les cultures. Celles-ci sont soigneusement emballées pour être rapportées le soir même à Lille.

Deuxième opération : cabine de pont. — La cabine sur laquelle nous avons expérimenté cubait 7 mètres et renfermait deux couchettes garnies de matelas et de couvertures. Nous avons disposé une série de tubes et de sachets sur la couchette inférieure et une autre série sur la couchette supérieure. Ces derniers ont été recouverts d'une couverture de laine brune, pliée en double, et d'un oreiller en balle d'avoine de 10 centimètres d'épaisseur environ.

Une petite fenêtre donnant sur le pont nous a servi à introduire l'extrémité du tuyau de caoutchouc servant au refoulement du gaz par l'appareil Clayton. Par la même ouverture, nous avons fait pénétrer deux autres tubes de caoutchouc plus petits qui devaient nous permettre de prélever des échantillons de l'air de la cabine au niveau de chaque couchette, pour vérifier aussi exactement que possible la concentration du gaz sulfureux au voisinage de nos cultures.

L'espace étant très limité, nous n'avons pas fait d'aspiration : nous nous sommes contentés de refouler du gaz dans la cabine.

L'appareil a été mis en marche à 1 h. 33.

A 1 h. 40 le titrage sur le tuyau de refoulement donnait une concentration de 5 p. 100.

Après une demi-heure, à 1 h. 58, la concentration était de 10 p. 100.

A ce moment, un prélèvement de l'air à l'intérieur de la cabine nous a donné 8 p. 100 au niveau des deux couchettes. Nous arrêtons l'appareil et nous laissons en contact pendant deux heures.

A 4 h. 10, nous faisons une nouvelle prise de gaz dans la cabine. Nous trouvons 1,5 p. 100 au niveau de la couchette inférieure et 2,5 p. 100 au niveau de la couchette supérieure. La diffusion de l'acide sulfureux au dehors s'était donc très rapidement effectuée : du reste, nous n'avions pris aucune précaution spéciale pour assurer l'herméticité des fermetures et il existait sous la couchette inférieure un trou de 10 centimètres de diamètre environ qui servait à l'évacuation des eaux de lavage sur le pont et que nous n'avions pas bouché.

Nous ouvrons la cabine à 4 h. 15 ; nous pouvons y pénétrer presque aussitôt et enlever nos tubes et sachets.

Résultats. — Le lendemain matin 28 septembre, nous procédons à l'Institut Pasteur de Lille à l'ensemencement de chacune de nos bandes de flanelle dans des tubes de bouillon de viande et d'eau peptonée. Nous ensemençons en même temps les tubes témoins avec les linges qui n'avaient pas subi l'action du gaz sulfureux. Les cultures ont été portées à l'étuve à 37° et examinées après vingt-quatre heures, trois jours et sept jours.

En voici les résultats :

Action de l'acide sulfureux sec (gaz Clayton) sur les cultures microbiennes.

		BACILLES DE LA PESTE		VIBRIONS DU CHOLÉRA		BACILLES TYPHIQUES	
		secs.	humides.	secs.	humides.	secs.	humides.
a) A FOND DE CALE	Tubes	0	0	0	0	0	0
	Sachets	0	0	0	0	0	0
b) FAUX PONT	Tubes	0	0	0	0	0	0
	Sachets	0	0	0	0	0	+
c) CABINE DE PONT	Tubes	0	0	0	0	0	0
	Sachets	0	0	0	0	0	0
d) TÉMOINS	Tubes	+	+	0	+	+	+

NOTA. — Le signe O indique que l'ensemencement est resté stérile après sept jours d'étuve; le signe + indique que l'ensemencement a donné lieu à un développement de microbes.

En résumé, tous les tubes de bouillon et d'eau peptonée ensemencés avec les linges contaminés et traités par le gaz Clayton sont restés stériles, excepté un tube qui avait reçu le contenu d'un sachet imprégné de bacilles typhiques à l'état sec et qui avait été disposé sur le faux pont près du panneau de la cale. Il est probable que le panneau du pont supérieur situé immédiatement au-dessus étant très mal fermé et l'air extérieur pouvant y pénétrer très facilement, la concentration du gaz à ce niveau n'a pas été suffisante pour assurer sa pénétration à travers les feuilles de papier gommé, la flanelle et le papier buvard qui enveloppaient le linge infecté. Cependant, à côté de ce sachet, nous avions déposé deux tubes contenant, l'un une culture typhique sèche, l'autre une culture humide, avec d'autres tubes et d'autres sachets de choléra et de peste, qui ont été parfaitement stérilisés. Dans les parties profondes de la cale, la désinfection a été absolue. Il en a été de même dans la cabine de pont où l'opération a duré beaucoup moins longtemps et où nous avions pris soin de déposer des sachets et des tubes sous une couverture et un oreiller. Nous avons été très surpris de constater que ces tubes et ces sachets n'ont donné lieu à aucun développement ultérieur de germes.

Toutes les cultures témoins, excepté celle du choléra desséché, ont poussé abondamment, après vingt-quatre heures d'étuve. Mais on sait que le microbe du choléra à l'état sec est très peu résistant et la dessication seule suffit ordinairement à détruire sa vitalité.

Conclusions. — Nous devons donc conclure que l'emploi du gaz sulfureux sec produit sous pression avec l'appareil Clayton, dans les conditions où nous l'avons employé et avec des concentrations atteignant au moins 8 p. 100, est parfaitement efficace pour la désinfection des navires, lorsqu'il s'agira de rendre inoffensifs des objets souillés par des microbes de la fièvre typhoïde, du choléra ou de la peste.

Ce procédé permettant de détruire avec certitude tous les rats et les insectes tels que les puces, punaises, cafards ou cancrelats, etc., sans altérer sensiblement les marchandises même les plus délicates, telles que les cuirs et peaux, les céréales, les sucres, les viandes, les fruits, et sans causer le moindre dommage aux objets métalliques, ainsi que nous avons pu nous en assurer après beaucoup d'autres expérimentateurs, nous croyons devoir conclure que son adoption s'impose à tous les navires soucieux de sauvegarder la santé de leurs passagers et de leurs équipages.

Il nous paraît nécessaire que tous les services sanitaires maritimes de France soient mis, dans le plus bref délai, en mesure de l'employer pour éviter aux navires marchands les quarantaines de longue durée qui portent le plus grave préjudice au commerce international et pour mettre nos ports à l'abri de l'invasion, toujours redoutable et actuellement très menaçante, de la peste et du choléra.

Les grandes compagnies de navigation auraient, sans nul doute, le plus grand intérêt à faire installer un de ces appareils à bord de chacune des unités importantes de leur flotte, et les chambres de commerce maritimes elles-mêmes trouveraient avantage à s'en pourvoir pour la désinfection et la destruction des rats à bord des petits navires et dans les docks de marchandises.

Nous ferons remarquer toutefois que, pour assurer l'efficacité réelle de ces désinfections, il serait indispensable que chaque opération soit *scientifiquement contrôlée*, ce qui n'a jamais été fait jusqu'à présent avec aucun procédé.

Et voici comment nous comprenons ce contrôle:

Si la désinfection a lieu au lazaret ou en rade, le navire étant chargé ou vide, on aura soin d'ouvrir tous les panneaux des cales et des cambuses et les portes des cabines qui peuvent être mises en communication dans un même compartiment étanche. Seules les ouvertures donnant accès sur le pont ou à l'extérieur seront bouchées.

On placera ensuite dans les parties les plus difficilement accessibles du navire, à fond de cale et dans les cambuses par exemple, des *tests* ou *témoins* qui serviront à contrôler la pénétration et la concentration suffisantes du gaz sulfureux. Ces tests devront être de deux ordres:

Les uns seront constitués par des petites cages métalliques contenant un ou plusieurs rats qui devront être trouvés morts à la fin de l'opération.

Les autres seront représentés par des *sachets* spécialement préparés par un laboratoire de bactériologie et renfermant une petite bande de linge artificiellement infectée avec des cultures de peste, de choléra, de fièvre typhoïde ou avec d'autres microbes pathogènes que la désinfection aurait spécialement pour but de détruire et qu'on placera en divers endroits dans les cales et les cabines. Ces sachets entourés de plusieurs doubles de papier stérilisé pourront être préparés d'avance et emballés par groupes ou isolément dans de petites boites de fer blanc qu'il suffira d'ouvrir pendant l'opération de la désinfection. On les refermera aussitôt, on les scellera avec une bande de lacet ou une ficelle et un cachet de cire, et on les enverra immédiatement au laboratoire de bactériologie du service sanitaire.

On ne devrait permettre de toucher aux marchandises et de réoccuper les locaux infectés ou suspects que lorsque, après vingt-quatre heures ou quarante-huit heures au plus, l'ensemencement des sachets dans les milieux de culture appropriés aura démontré que la désinfection aura été efficace.

Pour les navires en cours de traversée, le même contrôle ne sera pas difficile à exercer. On peut presque toujours s'y procurer quelques rats destinés à servir de témoins et, à défaut de rats, des insectes tels que des *cafards* ou *cancrelats* que l'acide sulfureux sec, à concentration suffisante, détruit parfaitement. Et quant aux sachets contenant des cultures microbiennes, rien ne serait plus simple que d'obliger les compagnies de navigation à en emporter un certain nombre dans une boîte métallique soudée que le médecin du bord sera chargé d'ouvrir lorsqu'on devra faire usage de son contenu. Les sachets témoins ayant servi seraient ensuite remis en boîte et sous scellés au médecin de la santé chargé d'arraisonner le navire.

Dans les deux cas, que l'opération soit faite en rade ou à la mer, elle devrait toujours être l'objet d'un procès-verbal signé par le capitaine et par le médecin du bord, relatant les conditions dans lesquelles elle aura été effectuée, la concentration moyenne du gaz produit, et l'indication des endroits du navire où auront été placés les rats et les sachets témoins.

On conviendra avec nous que les désinfections de marchandises ou de navires, telles qu'elles s'accomplissent actuellement, sont la plupart du temps illusoires, et qu'elles cesseraient de l'être si l'on rendait obligatoire l'emploi de la méthode de contrôle que nous proposons. La nécessité s'impose d'adopter dans le plus bref délai les mesures réellement efficaces que le commerce maritime et les médecins sanitaires réclament et qu'ils sont en droit d'exiger.

IV. — Emploi de l'anhydride carbonique pour la destruction des rats (1).

Ainsi que nous l'avons indiqué au début de ce travail, des expériences pour la destruction des rats au moyen de l'anhydride carbonique, à bord des navires chargés, ont été faites à Marseille par la société «La Carbonique lyonnaise», sous la direction de M. l'ingénieur Lafond et le contrôle de MM. les Drs Catelan, directeur de la santé, et Jacques, médecin de la santé, ce dernier spécialement chargé de l'application des mesures de prophylaxie relatives à l'extermination des rongeurs. Ces expériences ont fait l'objet, de la part de MM. Catelan et Jacques, du rapport suivant adressé le 14 avril 1902 à M. le ministre de l'intérieur.

Les expériences dont nous relatons succinctement les particularités sont au nombre de cinq, chacune ayant été poursuivie dans un but spécial et appliquée sur un navire différent.

Le dispositif employé dans les quatre premières est le suivant:

Sur le pont, on place une barrique contenant de l'eau chaude à 50 degrés dans laquelle on met à la fois cinq bouteilles d'acide carbonique liquide. L'eau chaude sert à éviter la congélation du gaz à sa sortie de la bouteille. Chaque bouteille contient 10 kilogs de CO^2 liquéfié, soit 5 mètres cubes d'acide carbonique gazeux. A ces bouteilles, on visse l'écrou de raccord (pas de vis universel) des tuyaux de caoutchouc de 2 centimètres de diamètre et de 6 mètres de long environ, destinés à conduire le gaz dans la cale. Les tuyaux plongent dans la cale à une profondeur de 1 mètre environ et passent par l'entrebaillement d'un panneau. Une bouteille se vide en moins de trois minutes.

Au cinquième essai, il a été employé, concurremment avec le procédé ci-dessus, un nouvel appareil breveté, construit par M. l'ingénieur Lafond, dont le but est de supprimer l'eau chaude et de permettre au gaz carbonique, au sortir de la

---

(1) On appelle habituellement «acide carbonique» le gaz dont la formule est CO^2; le terme «d'anhydride» est plus exact, nous l'emploierons de préférence.

bouteille, de subir une première détente, afin d'arriver dans la cale à la température ambiante. Un mélangeur d'air est adapté à la partie inférieure du tuyau en caoutchouc.

Quatre bouteilles peuvent être adaptées à cet appareil et être vidées à la fois en une minute. Cet appareil qui subit en ce moment quelques perfectionnements, simplifie l'opération et rendra son application plus pratique à bord de tout navire, vapeur ou voilier.

Premier essai. — 4 décembre 1901. — Le navire mis en expérience est le vapeur français « Natal » de la compagnie des Messageries maritimes. Le but de cet essai est de rechercher pratiquement si le gaz carbonique, malgré sa densité, se répand dans tous les endroits de la cale, si mélangé à l'air dans la proportion de 25 p. 100 il suffit à tuer des rats placés dans des cages à diverses hauteurs, si son évacuation se fait rapidement et si les marchandises, quelles qu'elles soient, ne subissent aucune altération. On opère sur la cale n° 4 qui est celle située sur l'avant du navire. Cette cale a une capacité de 400 mètres cubes et est complètement fermée par des cloisons étanches. On place dans cette cale vide des échantillons divers de marchandises tels que sacs de plâtre, sacs de chaux, bois peint et verni, thé, soies, lainages, cotons, tissus divers. On place en outre des ratières contenant des rats vivants que l'on amarre à des hauteurs différentes sur une corde. Quelques ratières sont à fond de cale, dans divers coins et à l'aplomb des panneaux. D'autres sont suspendues à 2 mètres du fond de la cale, à mi-hauteur et ainsi de suite ; une ratière est placée à l'affleurement de la cale immédiatement au-dessous d'un panneau.

On s'assure qu'il ne reste personne dans la cale et on ferme les panneaux.

A 9 heures 47 du matin on commence l'opération. Il suffit de tourner le petit volant qui se trouve à la partie supérieure des bouteilles de CO^2 pour que le gaz s'échappe en sifflant dans la cale. A 10 heures 15 on entrebaille un panneau pour examiner les rats. On hisse la corde et on constate que les rats placés au fond de la cale jusqu'à ceux placés à 2 mètres des panneaux sont tués. Ceux placés à l'affleurement et à 1 mètre de profondeur ne sont qu'étourdis. A 10 heures 20 la bougie s'éteint à l'affleurement du panneau, la cale est considérée remplie d'un mélange d'air et d'acide carbonique suffisant. On a employé exactement 20 bouteilles d'acide carbonique, ce qui représente mathématiquement la quantité nécessaire pour rendre incompatible avec la vie le mélange contenu dans cette cale, ou CO^2 entre pour 25 p. 100. (Une bouteille contenant 5 mc. d'acide carbonique sert à rendre irrespirable 20 mc. d'air, $20 \times 20 = 400$).

A 2 heures 20 du soir, ouverture des panneaux. La bougie s'éteint à l'affleurement de la cale. On hisse toutes les ratières ; tous les rats sont tués. On installe deux manches à vent en toile, l'une plongeant dans la cale, l'autre affleurant pour ventiler par siphonnement.

La bougie introduite dans la cale brûle successivement jusqu'à 1 mètre, 1 m. 50 de profondeur. A 2 heures 45, c'est-à-dire au bout de vingt-cinq minutes, la bougie ne s'éteint qu'à mi-hauteur de la cale. A 3 heures 10 un fanal brûle reposant sur le fond de la cale, mais s'éteint en abord. A 3 heures 20 on pénètre dans tous les coins de la cale avec des bougies qui brûlent partout même dans l'archipompe constituant une sorte de placard avec recoins. Une heure a suffi pour expulser CO^2. Les bougies placées dans la cambuse avoisinant la cale ont brûlé pendant toute l'opération (preuve que le gaz n'a pas fusé).

A part les rats des ratières, tous tués, on trouve 11 rats qui habitaient la cale du « Natal », rats énormes, qui ont été asphyxiés dans leur position naturelle par CO^2. Ils sont sur leurs pattes, on les croirait vivants; ils ont été surpris et asphyxiés sans songer à s'échapper, CO^2 ne se décelant par aucun signe organoleptique.

Il n'est pas inutile de faire remarquer ici que le « Natal » venait cependant de subir, quelques jours avant, la sulfuration réglementaire de toutes ses cales et se trouvait depuis isolé sur les bouées, au milieu du bassin d'Arenc.

Les échantillons divers de marchandises sont examinés et sont trouvés en même état, sans altération ou décoloration quelconque.

Deuxième essai. — 6 décembre 1901. — Muni de ces données, on procède au deuxième essai à bord du vapeur français « Sydney ». Le but de cet essai est de savoir si l'on peut tenir un compte absolu de l'encombrement des marchandises pour diminuer d'autant la quantité d'acide carbonique. On opère sur la cale n° 2 remplie de marchandises consistant en balles de laine et de coton. On veut comprendre avec la cale 2 le faux pont 2 qui communique aussi avec la soute à bagages et une soute où sont des matelas. Ce n'est qu'à la fin de l'expérience que l'on apprend que les vaigrages du faux pont communiquent avec les soufflages dans les cabines. Ainsi, la condition essentielle qui est d'opérer sur une cavité close n'est pas remplie. La cale 2 et le faux pont 2 ont une capacité de 700 mètres cubes. On estime qu'il n'y a qu'un tiers de « perte à l'arrimage » c'est-à-dire 235 mètres cubes d'air à rendre irrespirable. Une difficulté pratique survient: pour introduire les tuyaux conducteurs du gaz dans la cale, il faut déjà descendre dans le faux pont pour dégager les balles qui sont sur les panneaux de la cale et entrebâiller un de ceux-ci, car habituellement on ferme complètement les cales avant de remplir les faux ponts.

A 9 h. 10 du matin, on envoie CO^2. Quatre tuyaux plongent dans la cale et trois dans le faux pont. A 9 h. 25 on introduit un fanal qui brûle jusqu'à la cale; à ce niveau la flamme vacille et baisse. On en est à 8 bouteilles de CO^2. A 10 heures, 20 bouteilles sont employées. La cale est pleine d'un mélange d'air et d'acide carbonique à 25 p. 100 environ, le fanal s'éteint à son niveau, mais la flamme brûle parfaitement dans le faux pont. On reconnaît l'erreur commise en voulant comprendre le faux pont dans la partie du navire à soumettre à l'opération. On n'envoie plus d'acide carbonique et on décide de constater les résultats obtenus sur la cale. On laisse les panneaux fermés jusqu'à 11 h. 15. A l'ouverture, le fanal brûle jusqu'à 1 mètre de profondeur dans la cale. On place deux manches à vent en toile pour siphonner l'air et, à 2 heures, on travaille au déchargement. La flamme brûle partout, mais il y a une odeur suffocante de fermentation produite par la laine. Le déchargement complet n'est terminé que le surlendemain 7 décembre et l'on constate que cette cale où il n'y avait que coton et laine n'était pas habitée par les rats. On n'a pas vu un seul rat vivant; on n'a trouvé que 2 cadavres de rats.

Troisième essai. — 28 décembre 1901. — On poursuit le troisième essai à bord du « Djemnah » uniquement sur la cale 3 en tenant compte du cube d'encombrement pour diminuer d'autant la quantité de CO^2 et dans le but de savoir si les rats seront tués au bout d'une heure de contact avec le mélange gazeux ; on adjoint en plus un ventilateur pour activer l'expulsion du gaz et réduire le temps de l'opération totale.

La cale 3, d'une capacité de 573 mètres cubes, est remplie de marchandises consistant en sacs de sucre et balles de fibres d'aloès. Des fanaux allumés sont placés dans les compartiments voisins, soute à charbon de la machine, cale 4 et poste des boys. Dans ce poste, on place un aspirateur d'air que l'on peut actionner à la main et dont le tuyau passe par le canal de l'archipompe jusqu'au fond de la cale 3. La vanne de l'archipompe est fermée comme d'ordinaire à la mer. Les conditions d'opération sur une *cale pleine de marchandises*, non encore ouverte et bien close, sont donc remplies. A *9 h. 15* du matin on envoie l'acide carbonique dans la cale ; à *9 h. 34*, 17 bouteilles sont vidées et la bougie placée à l'affleurement du panneau s'éteint. On recouvre les panneaux d'un prélart et on décide d'ouvrir une heure après.

A *10 h. 30*, ouverture de la cale : la bougie s'éteint à l'affleurement. Des rats asphyxient sur les sacs mais ne sont pas morts. On reconnaît qu'il faut tenir les *cales fermées plus longtemps*.

Pour vérifier l'évacuation rapide et totale du gaz carbonique, on installe deux manches à vent destinées à siphonner l'air à la partie supérieure de la cale et on actionne le ventilateur placé dans le poste des boys. Il est 11 heures lorsqu'on commence à ventiler et on se rend compte que la bougie brûle progressivement à la profondeur de 1 mètre, 1 m. 50, etc. A 11 h. 10 la bougie brûle à mi-hauteur de la cale. A 11 h. 45 la bougie brûle reposant sur les varangues (fond de l'archipompe). Les ouvriers procèdent immédiatement au déchargement des sacs sans aucun malaise. On ne trouve que 3 rats dont un asphyxié et 2 mourants. Lorsque la cale est vide, on enlève les payolles et on constate que les fanaux brûlent parfaitement dans les derniers fonds du navire, sur la carlingue.

Quatrième essai. — 3 mars 1902. — On applique le procédé de *carbonication* sur les quatre cales du « Calédonien ». On recherche de quelle façon s'opère le mélange gazeux ; considérant que les marchandises sont un obstacle à l'homogénéité de celui-ci, on décide d'injecter CO^2 en proportion de 25 p. 100 dans les trois quarts du volume total des cales, de ne pas injecter le tout en une fois, mais de réserver quelques bouteilles pour les injecter une demi-heure après. De cette façon on pense que CO^2, arrivant à nouveau sur les rats en train d'asphyxier, les tuera plus sûrement.

On injecte :

Cale 1 de 711 m c.	le contenu de	21 +	une 1/2 heure après,	5 = 26	bouteilles.
Cale 2 de 463 m c.	—	13 +	—	5 = 18	—
Cale 3 de 545 m c.	—	16 +	—	5 = 21	—
Cale 4 de 372 m c.	—	10 +	—	5 = 15	—
2.091 m c.				80 bouteilles.	

On place dans chaque cale à des hauteurs différentes, autant qu'il est possible avec les marchandises, trois carafes remplies d'eau qui sont élinguées de façon à pouvoir être renversées pour se remplir ensuite de l'air du mélange qui sera soumis à l'analyse. On a des gaffes prêtes et de la terre réfractaire pour sceller sur place les carafes avant de les retirer des cales. On ferme les panneaux. A 8 h. 45 du matin on envoie l'acide carbonique dans les proportions indiquées. A 11 heures du matin on retire à chaque cale une carafe scellée contenant l'air du mélange.

Les cales sont tenues fermées jusqu'à 2 heures du soir. A l'ouverture, on constate que la bougie brûle :

Cale 1	jusqu'à	2 m.	de profondeur.
Cale 2	—	0 m. 50	—
Cale 3	—	0 m. 50	—
Cale 4	—	0 m. 30	—

On retire les deux carafes restées dans chaque cale et on actionne le ventilateur. Une heure après on travaille au déchargement. On trouve 93 rats asphyxiés et on en capture 24 non complètement morts.

Les analyses d'air, faites par M. Duvillier, professeur à la faculté des sciences de Marseille, montrent que le pourcentage du mélange est faible en acide carbonique : le mélange à 11 heures du matin, c'est-à-dire aussitôt après l'injection de CO^2, est de 10 p. 100 à 1 mètre de profondeur ; le mélange prélevé à 2 heures du soir à 2 mètres de profondeur est différent suivant les cales ; à la cale 1 il est de 8 p. 100, à la cale 2 de 7, 5 p. 100, à la cale 3 de 13 p. 100, à la cale 4 de 13, 5 p. 100.

Cinquième essai. — 25 mars 1902. — La cinquième expérience est faite à bord du grand paquebot « Australien ». On applique la *carbonication aux quatre cales*.

On néglige le cube d'encombrement des marchandises et on élève le pourcentage en CO^2 du mélange. On injecte l'acide carbonique dans la proportion de 30 p. 100 du volume total des cales dont le cubage est de :

Cale 1	667	mc.
Cale 2	1.162	—
Cale 3	810	—
Cale 4	500	—
TOTAL	3.139	mc.

L'injection de CO^2 se fait en deux temps, à une demi-heure d'intervalle, et, à la cale 4, on se sert du nouvel appareil de M. Lafond dont il est parlé plus haut.

Dans chaque cale sont placés des thermomètres maxima et des carafes pour prélever des échantillons du mélange gazeux. Les cales sont condamnées pendant *quatre heures*. A l'ouverture, on constate que la bougie s'éteint :

Cale 1 .... à 0 m. 60 de profondeur.

Cale 2 .... à 0 m. 60 de profondeur.
Cale 3 .... à 0 m. 20 —
Cale 4 .... à 0 m. 20 —

On retire les cages de rats témoins qui avaient été posées sur les premières balles de marchandises et on constate que ces rats sont asphyxiés. L'aération à l'aide de ventilateurs et de manches en toile est suffisante au bout d'une heure et à ce moment les bougies brûlent partout. On commence alors le déchargement. Aucun rat vivant n'a été aperçu. Les cadavres de rats asphyxiés sont recueillis et on en compte 271.

Les thermomètres maxima placés à divers endroits des cales montrent que la température présente des écarts assez considérables suivant la nature des marchandises. La moyenne de la température des cales est de 18 degrés. Au milieu des balles de peaux la température est de 21 degrés, tandis qu'au milieu des saumons de cuivre elle est de 16 degrés. La dilatation des gaz doit par conséquent différer suivant le point examiné et cet écart de 5 degrés influe sur la répartition du mélange de CO^2 avec l'air.

Les analyses des échantillons du mélange asphyxiant prélevés à l'ouverture des cales, c'est-à-dire quatre heures après avoir injecté l'acide carbonique, donnent le résultat suivant : A 1 mètre de profondeur, le pourcentage est de 8 p. 100; à 2 mètres de profondeur, le pourcentage est encore de 13; à 2 m. 50, il est de 16. Bien que les marchandises soient un obstacle à la constitution homogène du mélange, grâce à la proportion de 30 p. 100 de CO^2 injecté, le gaz a pénétré partout, dans les plus petits recoins de cales immenses comme la cale 2 dont une grande partie est située sous les cabines, loin des panneaux d'ouverture, où on a trouvé dans les endroits les plus éloignés de nombreux cadavres de rats asphyxiés.

Il ressort des faits énoncés précédemment :

1° que la proportion de 25 p. 100 d'acide carbonique en cale vide et bien close suffit pour tuer à coup sûr, en moins de quatre heures, tous les rats en quelque endroit qu'ils se trouvent dans la cale; que le gaz CO^2 se répand partout; qu'il est expulsé facilement, et qu'il n'altère, ne décolore ou ne détériore aucune des substances placées comme témoin;

2° que sur les paquebots, dans l'état actuel des constructions navales, on ne peut considérer comme cavité close que les cales ; les autres compartiments communiquent souvent entre eux et il ne faut pas comprendre à la fois dans les parties à *carboniquer* les faux ponts, soutes à bagages, etc. ;

3° que l'opération pratiquée sur les cales pleines de marchandises donne lieu aux remarques suivantes :

a) la nature des marchandises est un obstacle à la répartition égale du gaz CO^2 dans tous les points de la cale ; aussi faut-il augmenter le pourcentage du mélange à 30 p. 100 et laisser les cales fermées pendant quatre heures;

b) la nature des marchandises influe assez sensiblement sur l'homogénéité du mélange et il faut tenir compte des écarts de température déterminés par le voisinage de substances diverses (balles de peaux, température 21°, saumons, de cuivre, température 16°) pour renforcer le mélange lorsque ces conditions existent.

c) En conséquence des remarques *a* et *b* et par suite de la densité de CO^2 (observée pratiquement par les analyses d'air) on obtient plus sûrement l'asphyxie de tous les rongeurs des cales en envoyant l'acide carbonique en deux temps: 1° 25 p. 100; 2° une demi-heure après, 5 p. 100.

d) Il importe pour assurer la formation du mélange asphyxiant que l'on fasse arriver dans la cale le gaz CO^2 à une température voisine de la température ambiante à la pression ordinaire, condition qui pourra être réalisée par l'appareil de M. Lafond avec les perfectionnements qu'il doit y apporter.

e) Le gaz carbonique est expulsé totalement et très rapidement à l'aide d'un ventilateur à tuyau plongeant au fond de la cale et de manches à vent placées à l'affleurement des panneaux.

f) Certaines marchandises, telles que les laines, les peaux fraîches, les peaux en suint, renferment très-rarement des rats. Ceux-ci se réfugient dans d'autres compartiments du navire. C'est une particularité à ne pas perdre de vue.

En conclusion:

L'opération se fait aux quatre cales à la fois; on y procède après visite des parties accessibles du navire et après appel du personnel.

Il faut injecter CO^2 dans les cales en proportion de 30 p. 100 et faire l'injection en deux temps ce qui demande une heure.

Il faut condamner les cales pendant quatre heures puis procéder à l'aération et ventilation qui demandent une heure au maximum. Total de l'opération: une demi-journée.

Quant à l'application pratique, elle nécessite actuellement un assez nombreux personnel pour la manipulation des bouteilles, mais avec l'emploi des appareils à l'étude, on arrivera à simplifier beaucoup l'opération en affectant à chaque cale et en même temps un appareil à déversement et un ventilateur pour l'expulsion ultérieure du gaz.

L'avantage réel de la *carbonication* est que l'on détruit à coup sûr tous les rongeurs des cales (expérience: «Australien») et ceux contenus dans les marchandises qui auraient été mis à terre au moment du déchargement.

Pour employer ce procédé dans les autres compartiments, il faudrait modifier le mode actuel de construction des navires.

En somme, si le procédé n'est pas parfait, il est de beaucoup supérieur à la sulfuration après déchargement, car il assure la préservation des quais de l'exode des rats, inévitable auparavant.

Le 5 mai 1902, M. le directeur de la santé de Marseille adressait au sujet d'une nouvelle « carbonication » le rapport suivant qu'il nous paraît également intéressant de reproduire:

Le «Sénégal», qui avait été sulfuré pour la dernière fois le 7 avril, et revenant d'Alexandrie d'où il est parti le 25 avril au moment où ce port est déclaré officiellement infecté pour 2 cas de peste constatés le 15 avril, a été soumis à la carbonication dans les conditions moyennes où se rencontrent les bâtiments en provenance de pays contaminés. Ses cales remplies aux deux tiers contenaient des marchandises variées, dont voici à peu près la nomenclature :

balles de soie, anis, caisses d'antiquités, salsepareille, dentelles, peaux tannées, indigo, riz, lentilles, cigarettes, araki, coton, tomates, oignons, tapioca, fécules, chocolat, etc., etc..

Les opérations commencées à 6 h. 40 du matin ont été terminées à midi 1/4 et le déchargement a pu se faire une heure et demie après l'ouverture des cales à midi 1/4.

L'injection de CO^2 s'est faite simultanément sur les quatre cales. Il a été employé 140 bouteilles de 10 litres de CO^2 (soit 5 m c. de gaz). Le mélange obtenu contenait environ 30 p. 100.

A la cale 3, de 418 mètres cubes, on a expérimenté l'appareil de M. Lafond, légèrement modifié, et destiné à permettre la détente de CO^2 et son arrivée au contact de l'air renfermé dans la cale à une température sensiblement égale, et à effectuer le brassage du mélange de façon à le rendre autant que possible homogène dans l'espace clos tout entier. Cette cale renfermait surtout des matières sensibles. Il a été employé 28 bouteilles de CO^2.

Les résultats ont été très satisfaisants. A l'ouverture des cales les rats témoins placés dans les cages à diverses hauteurs ont été tous trouvés morts et on n'a vu s'échapper aucun rat vivant.

Il a été ainsi trouvé dans les quatre cales 207 rats morts par asphyxie.

La cale 2 qui renfermait des oignons offrait une élévation de température très marquée due à la fermentation de ces oignons et qui se décelait par une odeur nauséabonde. Il n'en a pas moins été trouvé 31 rats morts dans cette cale où ils ont fait la traversée.

Le procédé me paraît encore une fois donner tout ce qu'on peut attendre des moyens connus et employés à l'heure actuelle pour la destruction des rats à bord, avant tout déchargement. Il n'y aura qu'à en régulariser l'emploi, lorsque quelques expériences nouvelles auront fait éliminer peu à peu les difficultés pratiques du début, mais il ne dispense pas de recourir à tous les autres modes de destruction.

Ce n'est pas seulement à Marseille que l'anhydride carbonique a été étudié : l'administration ottomane l'a expérimenté à la fin de 1901 à Constantinople, d'après la méthode de M. Apéry, à bord du vapeur « Chio » de la compagnie « Egée ». L'expérience a porté sur une cale cubant 101 mc. 45 dans laquelle on avait placé des barriques vides et soigneusement fermées, afin d'en diminuer la capacité.

Trois procédés différents ont été simultanément employés pour produire l'anhydride carbonique : le premier consistait à faire agir directement de l'acide sulfurique sur du bicarbonate de soude contenu dans un baquet ; le second utilisait les mêmes ingrédients mais avec l'aide d'un générateur ; le troisième procédé était celui dont on s'est servi à Marseille, l'emploi de l'anhydride carbonique liquide. On a obtenu ainsi, dans l'espace d'une heure quarante minutes, 46 mètres cubes de gaz. L'opération a duré deux heures, après lesquelles on a trouvé asphyxiées les souris placées, soit dans des cages à diverses hauteurs, soit dans des sacs contenant également des denrées alimentaires.

Ayant appris que la destruction des rats par l'anhydride carbonique avait été également expérimentée à Bombay et au Cap, l'administration sanitaire française a prié M. le ministre des affaires étrangères de vouloir bien lui procurer des renseignements à cet égard. Elle n'en a pas reçu concernant Bombay, ce qui permet de penser que le procédé n'est pas entré dans la pratique. Ceux qui ont été envoyés du Cap n'étaient pas favorables. « J'ai le regret de vous faire savoir, écrivait le 30 mai au Consul général de France à Cape-Town M. le Dr Grégory, médecin en chef de la colonie, que ce système n'a donné aucun résultat. »

V. — Conclusions

Nous venons d'étudier trois des procédés employés pour la destruction des rats sur les navires : la sulfuration par combustion du soufre à l'air libre, la sulfuration au moyen de l'appareil Clayton, la carbonisation.

Le premier serait sans doute le plus simple s'il ne s'agissait pas de navires chargés ; mais la nécessité d'enlever une partie des marchandises pour placer les foyers de soufre constitue une grosse complication que l'on évite entièrement avec le four Clayton. D'autre part, la nature du gaz produit par cet appareil, son degré de concentration très supérieur, la pression sous laquelle il est envoyé et qui lui donne une grande force de pénétration, rendent l'opération incomparablement plus sûre et plus rapide ; enfin, avec ce gaz, les risques d'incendie par les foyers de soufre en combustion sont complètement écartés. La supériorité du procédé Clayton est donc incontestable au point de vue de la destruction des rats et de la vermine comme à celui de la désinfection.

Cette supériorité existe-t-elle également vis-à-vis de l'anhydride carbonique ? Ce gaz présente sur l'anhydride sulfureux un avantage, c'est qu'il semble susceptible de n'altérer en aucun cas les marchandises; mais nous avons pu voir, par les expériences et les observations citées plus haut, que cet inconvénient si justement redouté avec l'anhydride sulfureux est des moins fréquents.

Un second argument favorable est tiré de l'absence d'odeur de l'anhydride carbonique qui surprend les rats et les tue avant qu'ils aient eu le temps de s'apercevoir du péril. Si les rats ne sont pas avertis, les hommes ne le sont pas davantage, et cela nous paraît au contraire une objection de haute importance contre l'emploi de ce gaz. Ce n'est pas à dire que l'anhydride sulfureux, surtout lorsqu'il est envoyé sous pression, ne soit lui-même dangereux; mais on ne peut du moins méconnaître sa présence. Nous citerons à cet égard un fait probant: lors du premier essai fait à Dunkerque avec l'appareil Clayton sur un navire désarmé, « La Marguerite », on venait de lancer le gaz dans le poste d'équipage situé sous le gaillard d'avant, après s'être assuré qu'il n'y était resté personne, lorsqu'on vit tout à coup sortir un homme à demi-asphyxié, que des soins immédiats mirent promptement à l'abri du danger. Cet homme, ancien matelot ne faisant plus partie de l'équipage du navire, était monté à bord en état d'ivresse et s'était couché dans le poste sans que personne s'en fût aperçu. Blotti sous des couvertures, il s'était endormi et les appels réitérés faits par précaution avant l'envoi du gaz n'avaient pas suffi à le tirer de son lourd sommeil. La forte odeur de l'anhydride sulfureux le réveilla, et, subitement dégrisé, conscient du péril, il se précipita vers la porte qui, heureusement, n'avait pas été fermée afin de permettre le passage du conduit. Si, au lieu de l'anhydride sulfureux, on eût employé l'anhydride carbonique (ce qui eût supposé toutefois une disposition différente des locaux), cet homme serait mort.

La réserve que nous venons de faire en ce qui concerne la disposition des locaux n'est pas non plus à l'avantage de l'anhydride carbonique. D'après MM. Catelan et Jacques, ce gaz ne saurait être envoyé que dans les cavités closes, c'est-à-dire dans les cales, « seules parties du navire que l'on puisse considérer comme telles. » « Pour employer, ajoutent-ils, ces procédés dans les autres compartiments, il faudrait modifier le mode actuel de construction des navires ». C'est là un grave inconvénient, car, si les rats sont nombreux dans les cales, ils n'y résident pas exclusivement; on en trouve partout et jusque, nous l'avons dit, dans les canots de sauvetage.

Même limité aux cales, l'emploi de l'anhydride carbonique serait souvent difficile. N'est-il pas fréquent de voir des bâtiments entièrement remplis de marchandises dont il faudrait (ainsi que nous l'avons constaté au sujet de l'anhydride sulfureux produit par l'installation des foyers), enlever une partie pour arriver à l'ouverture des cales, c'est-à-dire pour réaliser péniblement une opération incomplète.

Cette opération serait incomplète encore à d'autres points de vue: l'anhydride carbonique paraît n'avoir que peu d'effet sur la vermine; les expériences relatées par MM. Langlois et Loir (1), montrent que des puces de chiens placées pendant vingt minutes dans un milieu à 75 p. 100 de CO^2 ne sont que légèrement étourdies; deux minutes après leur sortie, elles sautent. Dans un milieu à 65 p. 100, elles résistent plus de deux heures. Au contraire, « avec l'anhydride sulfureux obtenu par la combustion directe du soufre, ajoutent ces auteurs, 2 à 4 p. 100 en deux minutes ont toujours été suffisants pour amener la mort des puces et des rats. »

Les germes pathogènes ont à redouter beaucoup moins encore que la vermine l'effet de l'anhydride carbonique, et c'est aussi une puissante objection contre son utilisation. Bien que nous ayons surtout en vue ici la destruction des rats, nous devons attacher le plus grand intérêt aux propriétés bactériologiques du gaz employé. Or, avec l'anhydride sulfureux on obtient une double action, et celle qui s'exerce sur les germes pathogènes est d'autant plus importante qu'elle donne la solution d'un problème depuis longtemps cherchée. La désinfection des marchandises a été jusqu'ici des plus incomplètes (pour ne pas dire davantage), et malgré cela très onéreuse en raison des manipulations qu'elle entraîne. L'emploi de l'appareil Clayton, tout en supprimant ces manipulations, met en contact avec le chargement entier du navire un gaz doué de propriétés bactériologiques plus puissantes que celles des autres gaz utilisés jusqu'à ce jour. Nous sommes donc logiquement conduits à lui donner à tous égards la préférence.

Une dernière question doit être examinée, parce qu'elle a, au point de vue pratique, un grand intérêt : celle du prix de revient relatif des gaz employés. Or, dans l'établissement de ce prix de

(1) *Revue d'hygiène et de police sanitaire*, 1902, n° 5, page 413.

revient, tout doit entrer en ligne de compte : l'emploi de l'anhydride sulfureux produit par la combustion à l'air libre ou de l'anhydride carbonique n'exige pas, comme l'emploi du gaz Clayton, l'achat d'un appareil spécial et coûteux. Mais le premier demande beaucoup de temps et tous deux nécessitent le plus souvent des manipulations de marchandises. D'autre part, l'anhydride carbonique coûte cher. Combien ? Nous ne le savons pas exactement, les renseignements demandés sur ce point ne nous étant pas parvenus.

On peut, dit, dans un travail que nous avons déjà cité (1), M. le Dr Khayatt, obtenir l'acide carbonique liquide au prix de 0 fr. 50 le kilogramme. La densité étant d'environ 1,5, on voit que un kilogr. 500, représentant un mètre cube d'anhydride carbonique, coûte 0 fr. 75. Pour rendre rapidement mortel l'air d'une cale vide cubant 1.000 mètres cubes, il faudrait d'après la moyenne des avis des expérimentateurs, 400 mètres cubes de CO^2 coûtant 300 francs. On voit ce que coûterait la destruction des rats sur un navire jaugeant 6 à 7000 tonneaux.

En résumé, au triple point de vue de la puissance d'action, de la facilité et de la sécurité de son emploi, le gaz Clayton nous semble incontestablement supérieur à l'anhydride sulfureux produit par la combustion à l'air libre et à l'anhydride carbonique. Utilisé dans les conditions que nous avons indiquées et avec les moyens de de contrôle proposés par M. le Profr Calmette, ce gaz nous paraît le procédé le plus efficace que nous ayons actuellement à notre disposition pour la destruction des rats et la désinfection des marchandises à bord des navires.

---

(1) *Prophylaxie de la peste par la destruction des insectes et des rongeurs*, par M. le Dr KHAYATT, *Thèse de Paris, 1902*, page 51.

MELUN. IMPRIMERIE ADMINISTRATIVE. — M 2160 S

www.ingramcontent.com/pod-product-compliance
Ingram Content Group UK Ltd.
Pitfield, Milton Keynes, MK11 3LW, UK
UKHW022140170726
13837UKWH00004B/1683

9 782019 984014